W0073082

Selbstmörder-Zirkus

Selbstzerstörung ist einer der zentralen Impulse der russischen Moderne. Sie bildet den notwendigen Gegenpol zur *Selbstüberhöhung*. Je mehr sich ein Dichter selbst erhebt, umso größer wird für ihn die Gefahr, lächerlich zu wirken, ja zu fallen. Fast alle russischen Lyriker des »Silbernen Zeitalters« wussten um diese Problematik und haben sie in ihrem Werk mehr oder minder explizit behandelt. Dabei wird der Selbstmord keinesfalls ausschließlich als tragisch betrachtet: Oft hat die Dichtung des Scheiterns den Reiz eines riskanten Spiels oder entwickelt groteske Züge. Der Größenwahn und seine Kehrseite bieten zahlreiche Möglichkeiten zur Selbstinszenierung ...

Alexander Nitzberg, geboren 1969 in Moskau, lebt als freier Schriftsteller in Düsseldorf. Er erhielt zahlreiche Preise und ist Mitglied im P.E.N. Von ihm übersetzt liegen mehr als fünfzehn Bände russische Literatur vor, darunter *Dampfbetriebene Liebesanstalt. Gedichte des russischen Futurismus*, 1999; *Anna Achmatowa: Ich lebe aus dem Mond, du aus der Sonne. 100 Gedichte über die Liebe*, 2000.

Selbstmörder–Zirkus

Russische Gedichte der Moderne

Herausgegeben und übersetzt
von Alexander Nitzberg

RECLAM
LEIPZIG

Besuchen Sie uns im Internet:
www.reclam.de

© Reclam Verlag Leipzig, 2003
Reclam Bibliothek Leipzig, Band 20081
1. Auflage, 2003
Reihengestaltung: Gabriele Burde | Kurt Blank-Markard
Umschlaggestaltung: Gabriele Burde unter Verwendung von
Kasimir Malewitsch, Weiblicher Torso (1928–1932), Staatliches
Russisches Museum St. Petersburg
Fotografie des Herausgebers auf der 4. Umschlagseite:
© Masha Bogushevsky
Gesetzt aus ITC Slimbach
Satz: Reclam Verlag Leipzig
Druck und Bindung: Reclam, Ditzingen
Printed in Germany
ISBN 3-379-20081-6

Für Peter Rühmkorf
vom anderen Ende des Hochseils

Inhalt

Selbstmörder-Zirkus
Russische Dichter zwischen Aufstieg und Fall

>»Ich glaube, der Tod eines Künstlers sollte nicht von der Kette
>seiner schöpferischen Errungenschaften losgelöst, sondern
>als ihr letztes, abschließendes Glied betrachtet werden.«
>Ossip Mandelstam

>»Und wenn ich mit Worten die Menschen berücke, und wenn
>mich nächtens zuweilen Begeisterungsstürme erheitern,
>und wenn ich – als Dichter und Magier – Geheimnisse kenn',
>das All zu beherrschen, so ist umso schlimmer das Scheitern.«
>Nikolaj Gumiljow

Ein Dämon ging um in Russland – der Dämon des Suizids. Die
russische Moderne ließe sich als »Generation der Selbstmör-
der« bezeichnen ...

Nikolaj Ozup, ein Exildichter, der jene Epoche auf den Na-
men »Silbernes Zeitalter« taufte, charakterisierte sie gegen-
über der Klassik so: »Immer trockener, ärmer, reiner, aber
auch teurer erkauft, näher zum Autor, von *menschlicher*
Größe.« Ja, teurer erkauft, denn die Dichter seien »nur noch
ihren eigenen Kräften überlassen«, nicht mehr »dem natur-
haften Kraftstrom der klassischen Kunst«. »Diese Tragik führt
zur Verschärfung des fatalen Schicksals russischer Lyriker«,
stellt Ozup fest. »Eine Generation, die ihre Dichter vergeu-
det hat«, wird später der Linguist Roman Jakobson resü-
mieren.

Nicht nur die Dichter, auch andere russische Künstler
schwebten in den ersten drei Jahrzehnten des zwanzigsten Jahr-
hunderts in der Gefahr, sich entweder physisch oder geistig zu
vernichten. Bizarre Gestalten. Der Komponist Alexander Skrja-
bin, dessen Geistesflug auf höchst gefährlichen Bahnen zwi-
schen Himmel und Hölle verlief. Der junge und überreizte Ale-
xej Stantschinski, in seiner Klaviermusik kaum weniger radikal,

der sich 1914 ertränkte. Der 1910 im Wahnsinn verglühende Maler Michail Wrubel. Der Tänzer Vaslav Nijinsky, der sich im schizophrenen Rausch zu einem Gott erklärte...

Von den in der vorliegenden Anthologie vorgestellten dreiundvierzig Autoren haben vierzehn Selbstmord begangen (wenn der Freitod auch in einigen wenigen Fällen nicht eindeutig belegt ist). Drei weitere unternahmen misslungene Versuche, sich umzubringen. Zwei stifteten andere zum Suizid an. Unter den Selbstmördern finden sich die Namen Wladimir Majakowski, Sergej Jessenin, Marina Zwetajewa. Die drei, denen der Selbstmord misslang, sind Ossip Mandelstam, Anna Achmatowa und Nikolaj Gumiljow. Es handelt sich also um die bedeutendsten russischen Dichter des zwanzigsten Jahrhunderts! Alle hier versammelten Poeten beschäftigten sich in ihren Versen mehr oder minder intensiv mit selbstmörderischen Themen. Wem das noch nicht reicht, dem sei gesagt, dass nur die eigentümlichsten und besonders wertvollen Exempel dieser Art von Dichtung in die Anthologie aufgenommen wurden. Die Zahl der Dichter und der Gedichte ließe sich mit Leichtigkeit verdoppeln, wenn nicht verdreifachen.

Was ist die Ursache für diese geballte Selbstzerstörung? Es scheint mehr zu sein, als die grundsätzliche Faszination, die gerade für einen Künstler vom Gedanken an den eigenen Tod ausgeht.

»Ein Dichter in Russland ist mehr als ein Dichter«, schreibt Jewgenij Jewtuschenko. Die russische Klassik, das »Goldene Zeitalter«, spätestens aber das ausgehende neunzehnte Jahrhundert prägten endgültig die exklusive Stellung des »Poeten« in der Gesellschaft: Er wurde – nein, nicht zum Gewissen der Nation, sondern vielmehr zu ihrem Schicksalsträger. Eine Art Orakel von Delphi, dessen Sätze auf den Lauf der Geschichte und den des persönlichen Lebens einwirken. So scheint aus der Rede über Puschkin, die Fjodor Dostojewski 1880 hält, der Glaube hervor, in den Versen Puschkins ließe sich die Quelle zur Versöhnung aller Völker auf Erden finden! Dostojewski spricht auch unmissverständlich von der »Prophetie« Puschkins. Der Dichter wurde zu einer mythischen Gestalt. Und es ist eben dieses Gewicht, das seitdem unbarmherzig auf den Schultern der russischen Lyriker lastet.

Der russische Dichter arbeitet sein Leben lang am eigenen Mythos. Er stilisiert sich, benutzt Pseudonyme, erschafft um sich herum einen Kult. Dies kann auf vielerlei Weise geschehen: offen und direkt, aber auch subtil und verschleiert. »Ich, Wladimir Majakowski«, »Ich, der Prophet Sergej Jessenin«, »Genie von Igor Sewerjanin bin ich«, »Ich, Walerij Brjussow«, »Ich, Nervensäge Krutschonych«, »Sei ich, sei Chlebnikow«, tönt es pausenlos von Lyrikband zu Lyrikband. Die *Imaginisten* übertünchen bei einer Nacht- und Nebelaktion Moskauer Straßenschilder mit ihren eigenen Namen. Etwas taktvoller, aber nicht minder selbstbewusst, ist Achmatowa, wenn sie ehrfürchtig ihr »Gesicht im Halbprofil« beschreibt und die Zeit kommen sieht, da man ihre Züge in Marmor meißeln wird, oder Gumiljow, der wie nebenbei bemerkt, dass ein afrikanischer Fluss nach ihm benannt worden ist und davon spricht, dass eine amerikanische Studentin in hundert Jahren seine Verse lesen wird.

Aber die mythische »Selbsterhöhung« ist nur eine der zwei tragenden Säulen im Bewusstsein des russischen Dichters. Die andere heißt mythische »Selbstauslöschung«. Und das ist kaum verwunderlich, schließlich wächst mit jedem neuen Schritt nach oben auch der Zweifel an der eigenen Größe und das Risiko, sich der Lächerlichkeit preiszugeben, zu fallen und zu zerbrechen. So wird das Suizide zu einem wesentlichen Teil des dichterischen Lebens, aber auch der Poetik des »Silbernen Zeitalters«.

Provisorisch ließe sich die russische literarische Moderne in drei Hauptströmungen unterteilen: Den *Symbolismus*, den *Akmeismus* und den *Futurismus*. Alle anderen Gruppierungen wie auch die jeder Schule fern stehenden Dichter sind von ihrer Poetik her dennoch den drei »Großen« mehr oder weniger ähnlich, erweisen sich als ihre Ableger oder Varianten. (So zehrten beispielsweise der *Imaginismus* oder die Vereinigung *OBERIU* später vom futuristischen Erbe.) Die Zugehörigkeit zu oder die Abgrenzung von einer bestimmten Richtung war für das Selbstverständnis der Dichter des »Silbernen Zeitalters« ein äußerst wichtiger Faktor, der durch die heutige Ablehnung diverser »Ismen« auf keinen Fall banalisiert werden darf.

Der Symbolismus entwickelte sich in Russland nach seinem skandalumwitterten Auftritt gegen Ende des neunzehnten Jahrhunderts zum bedeutendsten Stil. Den Symbolisten erschien die Welt als »Gleichnis« und die Dinge als bloße Abbildungen der hinter ihnen liegenden metaphysischen Realität. »A realibus ad realiora« (»Vom Realen zum Realsten«) lautete die von Wjatscheslaw Iwanow geprägte symbolistische Formel. Demnach fiel dem Dichter in dieser Welt eine Art Priesterrolle zu. Und die Persönlichkeit des Künstlers war letztendlich wichtiger als das tatsächliche Resultat seiner Kunst.

Der Akmeismus entstand um das Jahr 1910. Zwar übernahm er vom Symbolismus dessen Hang zum Artifiziellen, kritisierte aber stark die mangelnde Anstrengung bei der Arbeit am Text. Anhänger dieser Richtung sprachen den Dingen selbst metaphysischen Wert zu, und glaubten, ein Wort müsse genau das bezeichnen, was es bezeichnen will. Es sollte nicht vage und verschwommen sein, sondern präzise und geschliffen. Der Dichter wurde als Arbeiter im Sinne eines Handwerkers als Mitglied einer mittelalterlichen Zunft gesehen. Dem symbolistischen »*musique avant toute chose*« (Paul Verlaine) setzte man eine strenge Strukturierung entgegen.

Der Futurismus schließlich, der sich ebenfalls um 1910 zu manifestieren begann, suchte nach neuen experimentellen Ausdrucksmitteln und bekannte sich in seinem Kampf gegen alle »überholten« Formen zu einer jugendhaften Dynamik.

Sein Bild vom Dichter war zwischen dem des Symbolismus und dem des Akmeismus angesiedelt: Der Dichter war einerseits Genie und Messias, andererseits Arbeiter und Hersteller. Die Moskauer Futuristen nannten sich mit Vorliebe »Kubo-«, die Petersburger »Ego-Futuristen«.

Zwischen diesen drei Polen herrschte ein reges, pulsierendes Leben, bei dem sich die Grenzen oft genug verschoben und man häufig die Fronten wechselte.

Wie die Selbsterhöhung spielte auch der Selbstmord in symbolistischen Kreisen eine große Rolle. Die Salons der »Dekadenten«, Heimstatt für spiritistische Sitzungen, Morphium, Kokain und Promiskuität, bildeten einen guten Nährboden für beide Extreme. Beispiele sind die schillernde diabolische Gestalt Walerij Brjussows, der seinen Geliebten Pistolen samt Munition schenkte und das berühmte Gedicht »Der Dämon des Suizids« schrieb, oder der Prosaiker Leonid Andrejew, der düstere Erzählungen verfasste. Etliche Personen aus Brjussows nächster Umgebung töteten sich, die bekanntesten waren die junge Dichterin Nadeschda Lwowa, die Schriftstellerinnen Nina Petrowskaja und Anna Mar und nicht zuletzt Brjussows Schwager, der Lyriker Muni.

Die vollkommen anders geartete Welt der Futuristen mit ihrer Glorifizierung der Zukunft erwies sich als nicht minder anfällig für den »Dämon«: Die zirzensische Geste, das Plakative und Provozierende dieser Bewegung wurden mitunter zu Auslösern für den fatalen letzten Schritt. So trug der legendäre Selbstmord des zweiundzwanzigjährigen Ego-Futuristen Iwan Ignatjew von Anfang an die Züge eines Happenings: Am Tag seiner Hochzeit schlitzte er sich vor dem Spiegel ohne ersichtlichen Grund die Kehle durch. Selbstzerstörung wurde artistisch in einen Akt der Selbstbehauptung umgesetzt. Das Suizide ist denn auch ein wesentliches Moment der Poetik von David Burliuk, Wladimir Majakowski und Alexej Krutschonych.

Der Imaginismus, ein geistiger Ableger des Futurismus, trieb das Groteske auf die Spitze. Lyrische Purzelbäume, riskante Behauptungen und schockierende Blasphemien beschworen nicht selten den »Katastrophen-Engel« herbei. So begingen Familienmitglieder Wadim Scherschenewitschs und Anatolij Marienhofs Selbstmorde – und auch Sergej Jessenin, einer der berühmtesten Dichter dieser Gruppe, wählte den Freitod.

Etwas komplizierter verhielt es sich mit den Akmeisten, vertraten sie doch grundsätzlich eine positive Sicht auf die Welt. »Alles vereint in sich ein Mensch, der die Welt liebt und an Gott glaubt«, verkündet der Gründer der Bewegung, Nikolaj Gumiljow. »Der Akmeismus ist für jene, die – vom Geist des Bauens ergriffen – nicht kleinmütig das eigene Gewicht verleugnen, sondern es voll Freude annehmen, um die architektonisch darin ruhenden Kräfte zu wecken und zu nutzen«, schreibt Ossip Mandelstam. Aber diese prinzipielle Bejahung des Seins würde jeglicher Tiefe entbehren, hätte sie nicht auch die Erfahrung des Tragischen integriert. Und so durchzieht die Gedichte der Akmeisten von der ersten Stunde an ein Hauch von Melancholie. Der miniaturhafte zerbrechliche Kosmos, den Anna Achmatowa in ihrer Lyrik widerspiegelt, setzt der Weiblichkeit der jungen Künstlerin zu enge Grenzen. Die weiten Fahrten ermüden den Weltumsegler Gumiljow. Der Geist erweist sich für Michail Senkewitsch als fremdes und leidbringendes Element in dem ansonsten so gesunden Körper ...

Die Vielfalt der Perspektiven ist erstaunlich: Der Fantasie scheinen hinsichtlich der Frage, auf welche Weise das mühevoll aufgebaute lyrische Ich zu zerschlagen sei, keine Grenzen gesetzt zu sein. Ein und derselbe Gedanke zeigt sich in den unterschiedlichsten Verkleidungen: als Verrücktheit oder gar Idiotie, als Clownerie oder als galante Geste, und dient als Liebesersatz, zur Flucht vor Langeweile, ist Zeichen der Ablehnung der Existenz oder des Aufruhrs gegen Gott – um nur auf einige Spielarten zu verweisen.

Manch ein realer Selbstmord nimmt literarische und experimentelle Formen an: So vergiftete sich Alexej Losina-Losinski mit Morphium über einem Bändchen von Verlaine und notierte bis zur letzten Sekunde seine Beobachtungen. Sergej Jessenin schrieb sein berühmtes Abschiedsgedicht mit eigenem Blut ... Manche Suizide ziehen Kreise und verdichten sich gleichsam zu Romanen in Versen. So stachelte Michail Kusmin den jungen Wsewolod Knjasew mittels poetischer Chiffren dazu an, seiner unglücklichen Liebesbeziehung mit Olga Glebowa-Sudejkina einen »tragischen Ausgang« zu bereiten. Letzterer dokumentierte seinen fatalen Entschluss wiederum in Gedichten. Beides zusammen führte schließlich dazu, dass Achmatowa, eine Zeugin des Vorfalls, das Thema Jahrzehnte später zu einem epochalen Epos, dem »Poem ohne Held«, verarbeitete. Poesie wirkte hier also unmittelbar auf das Leben ein, das Leben seinerseits auf die Poesie. Dichtung und Wahrheit verflochten sich zu einem nicht mehr entwirrbaren Knäuel. An solchen Vernetzungen zwischen den Autoren und den Texten orientiert sich denn auch die Reihenfolge der Gedichte im vorliegenden Band.

Zuletzt sollte noch ein für das Ende des »Silbernen Zeitalters« wichtiges Selbstmordmotiv genannt werden: Der Stalin-Terror. Die Freitode von Dichtern wie Majakowski und Zwetajewa waren nicht nur Resultat von verhängnisvollen Verstrickungen in deren Leben, sondern vielmehr Akte der Verzweiflung, Reaktionen auf den wachsenden politischen und sozialen Druck. Ähnlich lässt sich Ossip Mandelstams Sprung aus dem Fenster erklären. Auch andere Lyriker, die diese Anthologie versammelt, sind zu Opfern des Regimes geworden: Nikolaj Gumiljow, Wladimir Narbut, Anna Radlowa und Daniil Charms. Insbesondere die Selbstmorde von Dichtern mit großer öffentlicher Wirkung, wie der Majakowskis, wurden von den Zeitgenossen als gewaltige geschichtliche Ereignisse erfahren und im Hinblick auf die Zukunft als unheilvolle Zeichen gedeutet. »Dort in Suchumi erfuhr ich die ozeanische Nachricht vom Tode Majakowskis«, schreibt Ossip Mandelstam und setzt fort: »Der Mensch ist ähnlich einem Blitzableiter gebaut. Bei solchen Neuigkeiten erden wir uns und können sie nur deshalb ertragen.« Eine andere Reaktion auf den Terror war die Emigration. Und so blieben Dichter wie Wladislaw Chodassewitsch, Nikolaj Ozup, Georgij Adamowitsch und Georgij Iwanow für den Rest ihres Lebens vom eigenen Volk getrennt. Ihre Erbitterung und Resignation drückte sich nicht in großen sprachlichen Gesten aus, sondern vor allem in der zunehmenden Lakonie, die von der Literaturwissenschaft gewöhnlich als »Pariser Tonfall« bezeichnet wird.

Das Motiv des Selbstmordes ist als ein Charakteristikum der russischen Lyrik des »Silbernen Zeitalters« zu sehen. Gerade vor dem brisanten Hintergrund des Selbstmords lässt sich ihre Drastik und das Schwanken zwischen Extremen in allen Facetten zeigen. Und spätestens hier wird deutlich, was das vorliegende Buch *nicht* beabsichtigt: Es erwartet vom Leser keine Pietät oder Betroffenheit – dafür erweist sich die emotionale Bandbreite der russischen Moderne als zu groß. Neben tragischen und depressiven Gedichten finden sich zahlreiche groteske und durchaus unterhaltsame Texte.

Natürlich ist es ein schwieriges Unterfangen, dreiundvierzig verschiedene lyrische Stimmen zu übersetzen. Dennoch habe ich mich bemüht, für jeden Dichter den ihm gemäßen Ton zu finden. Die stilistischen, rhythmischen und klanglichen Eigenheiten des Originals wurden nach Möglichkeit bewahrt. Neben bekannten Lyrikern habe ich auch weniger bekannte, ja bereits vergessene Poeten berücksichtigt, denn nur auf diese Weise kann ein halbwegs wahrheitsgetreues Abbild jener Epoche entstehen.

Alexander Nitzberg
Düsseldorf, Juli 2003

Alexej Apuchtin (1840–1893)

gilt als ein Wegbereiter der russischen Moderne, des »Silbernen Zeitalters«. Ein Elegiker, dessen Gedichte oft als Kunstlieder vertont worden sind, nicht zuletzt von seinem engen Freund Peter Tschaikowski. Ein Satiriker, geschult an Heinrich Heine, den er übersetzt hat. Dabei sind diese beiden Seiten seines Wesens keinesfalls voneinander getrennt: Groteske Elemente brechen irritierend in die fragilen Lyrismen ein, während selbst die bissigsten Epigramme von einem tragischen Schleier überzogen sind.

Für das Poem »Aus den Papieren eines Staatsanwalts«, dessen Anfangszeilen hier vorgestellt werden, zog Apuchtin zahlreiche Abschiedsbriefe von Selbstmördern heran. Das Ergebnis ist eine bemerkenswerte Charakterstudie, die, wäre sie nicht in Versen verfasst, den Beginn eines Dostojewski-Romans bilden könnte.

Aus den Papieren eines Staatsanwalts
(Auszug)

Klassisch beende ich mein Leben hier:
Ein Zimmer im Hotel, dafür berüchtigt,
daß es bevorzugt wird (wie jetzt von mir)
von allen, deren Leben sich verflüchtigt …
   Ich aß zu Abend, schloß mich ein
mit Feder und Papier und einer Flasche Wein,
bat die Bediensteten, mich gegen neun zu wecken,
   hab mich im Spiegel angeschaut:
Spuren von Müdigkeit (doch keine Fieberflecken!),
   ein wenig angeschlagen und ergraut,
      unter den Augen kleine Falten.
   Dann prüft ich die Pistolen – gut erhalten …
   Nun will ich zu den Briefen übergehn:
   Es ist so Brauch, um nicht zu sagen Mode,
   an jemanden zu schreiben vor dem Tode.
Wohl täte ich es gern, nur weiß ich nicht, an wen? …
(…)

(1888)

Walerij Brjussow (1873–1924)

ist wohl eher der böse als der gute Geist des »Silbernen Zeitalters«. Wie Puschkins Salieri lieh er »den Fingern trockne, dienstbare Bewegung, den Ohren Sicherheit«. »Ich wünsche mir, mit zwei Zeilen in die Literaturgeschichte einzugehen, und ich werde es auch«, pflegte er zu sagen.

Nach einer Phase des Misserfolgs avancierte Brjussow nicht nur zum Anführer der russischen Symbolisten, sondern auch zum einflussreichsten Literaturkritiker des Landes. »Ich vergaß, / daß Ihre Dichtung den Büchern entstammt / und Ihre Kritik dem Neid«, schrieb die junge Marina Zwetajewa über ihn. Das war mutig. Denn Brjussow vergaß nichts. Sein Ziel war uneingeschränkte Macht – insbesondere über menschliche Gemüter. Er war es, der Nadeschda Lwowa, seiner ehemaligen Geliebten, einen Revolver schenkte und ihr systematisch den Gedanken an Selbstmord einflößte. Auch Nina Petrowskaja, die Brjussow in seinem satanistischen Roman »Der feurige Engel« in der Figur der Renate porträtiert hat, brachte sich nach mehreren gescheiterten Versuchen doch noch um.

Um der bloßen Vollständigkeit willen katalogisiert er im Gedichtband »Alle Gesänge« die unterschiedlichsten Arten, sich das Leben zu nehmen. Diese Systematik spiegelt sich nicht zuletzt im »Dämon des Suizids« wider, einem epochalen Selbstmordgedicht.

Nach der Oktoberrevolution verfiel Brjussow zusehends dem Morphium und hätte sich (wenigstens glauben das einige seiner Biografen) früher oder später die Kugel gegeben, wäre ihm nicht der natürliche Tod zuvorgekommen …

Der Dämon des Suizids

Er lächelt immer faszinierender,
aus Dunkelheit sein Auge blickt,
wenn, den Verstand hypnotisierend, er
uns Mattgeschlagene bestrickt.

Im Nachtlokal, wo das entzündete
Elektrolicht entlarvt und grämt,
sorgt seine tadellos begründete
Sentenz dafür, daß man sich schämt.

Wenn uns am Abend eine heftige,
doch unbestimmte Sorge trifft,
kommt er ins Zimmer, der Geschäftige,
mit einem Fläschchen voller Gift.

Und schwirren manche düstren Regungen
um die Gedanken penetrant,
dann drücken seine Überlegungen
uns eine Klinge in die Hand.

Und am Kanal, wo das sich wiegende
und müde Wasser leise sprüht,
erweckt sein Atem tiefer liegende,
verbotne Seiten im Gemüt.

Wenn auf der Wiese die verfängliche
und blumensüße Brise weht,
dann ist es er, der uns sechs längliche
Patronen in die Trommel lädt.

Ein treuer Freund – stets unerschütterlich
zitiert er Hamlets Monolog,
er, der so liebevoll und mütterlich
in seinem Geiste uns erzog.

Er lächelt immer faszinierender
und ist verführerisch geschickt,
wenn, den Verstand hypnotisierend, er
mit feinen Fäden uns bestrickt ...

(1910)

Am Kanal

Wie liebe ich beim nächtlichen Geschlender
die sanfte Welle, die verschlafen ruht.
Und angelehnt ans eiserne Geländer,
betrachte ich die regungslose Flut.

Vom Wind zerfaserte Laternenstrahlen
erzittern auf dem Wasser schlangenhaft.
Und Kähne liegen – wie nach langen Qualen
die Tiere – ausgemergelt und erschlafft.

Der *Newski* ist sehr nah mit dem Gelärme
aus Menschenstimmen, Autohupen, Trams.
Und Schnee, geschmolzen in der Tageswärme,
treibt hin im Fluß, entlang des dunklen Damms.

Hier sind die spiegelnden und stillen Wogen,
dort aber wird getändelt und gelacht …
Die große Stadt hat alles aufgesogen,
hat jedem eine Antwort zugedacht.

Und wenn des Lebens allzu bunte Bänder
auch dich ermüden sollten, habe Mut
und steige hoch aufs eiserne Geländer
und hole dir Vergessen in der Flut.

(1912)

Nadeschda Lwowa (1891–1913)

verschlug es als junges Mädchen aus der Provinz nach Moskau. Dort fand sie schnell Zugang zu symbolistischen Kreisen und schrieb Verse ganz im Sinne der *Décadence*.

In der für ihn so typischen schablonenhaften Art verfasste Brjussow das Vorwort zu ihrem einzigen Band »Das alte Märchen«. Und mit derselben Gefühllosigkeit trieb er sie, eine lästig gewordene Geliebte, in den Selbstmord.

Vorher brachte sich Lwowa, oder Nelly, wie sie häufig genannt wurde, bereits in zahlreichen Texten um und das nicht nur thematisch: Wie im Leben so auch in der Literatur, bewog ihr »Herr und Meister« Brjussow sie dazu, sich selbst fremd zu werden. »Ich glaube, N. Lwowa zerstörte ihr zartes Talent dadurch, dass sie sich zwang, Rondeaux, Ghaselen und Sonette zu dichten«, schrieb Anna Achmatowa in einer postumen Rezension, gestand Lwowa aber gleichzeitig zu, in ihren formal schlichter gehaltenen Liebes- und Todesgedichten einen hohen Grad an »rein menschlicher« Glaubwürdigkeit und Musikalität zu erreichen.

Auf dem Gleis Gedränge, der Lok schrilles Pfeifen …
Im Gedächtnis geblieben: die schwarze »8«
und der Bahnbegleiter gelbe Streifen …
Warum hab ich ihn bloß zum Zug gebracht!

Ach wär es nur Traum: Wie er mich besessen
»ja« zu sagen gebeten hat!
Und ich wollt es und sagte »nein« indessen.
Und der Himmel weinte an meiner Statt.

Ich hatte dieses Gesicht so gerne
und sah es im Fenster – und es war voll Verdruß.
Der Expreß verschwand in der Ferne.
Auf den Lippen glühte der Abschiedskuß.

Ich trat aus der Halle, da drängte sich lüstern
ein Herr mit Melone in meine Näh,
und auf sein unverschämtes Flüstern
lächelte ich in meinem Weh.

(1913)

Es warst du vor der Bar gestern abend,
der im Nebel, im Taumel, im Schlaf,
an den grüßenden Lichtern sich labend
und erregt eine andere traf.

Und du konntest ihr Lächeln entmachten,
und sie hielt es dir willenlos hin.
Ach, wie ließ sie dich sommerlich schmachten,
die in Trübsal so biegsam erschien.

Dieser glitzernde goldene Reigen
aus Champagner, aus Locken und Flirt,
hat gebrannt wie ein eisiges Schweigen,
wie ein Flehen, das keiner erhört.

Auf der Augen verzweifeltes Sehnen
nur der Geigen frohlockendes »Nein!«
... Und wie Catys erschimmernde Strähnen
lachte lauthals im Glase der Wein.

(1913)

Wladislaw Chodassewitsch (1886–1939)

wurde von einigen literarischen Kollegen »Ameisensäure« genannt – wegen seiner Fähigkeit zur alles zersetzenden Analyse. Puschkin'scher Klassizismus verbindet sich in seiner Lyrik wie selbstverständlich mit einem fast Baudelaire'schen Hang zum Extremen. Anfangs bewegte Chodassewitsch sich in Moskauer Symbolistenkreisen, zog sich aber mehr und mehr auf eine Außenseiterposition zurück. Als einem engen Freund Lwowas war ihr Selbstmord für ihn ein weiterer Grund, Brjussow zu hassen. Chodassewitsch rächte sich mit deutlichen Worten in seinen im Pariser Exil verfassten Memoiren »Nekropolis« … (Er verließ Russland 1922 mit seiner Ehefrau Nina Berberowa.) Im selben Werk beschreibt er auch die Freundschaft mit Brjussows Schwager, dem Dichter Muni, der für ihn eine Art *Alter Ego* werden sollte. In diesem Zusammenhang findet sich eine bemerkenswerte Passage: »Im Herbst 1911 besuchte ich in einer für mich kritischen Phase meinen Bruder. Er war nicht zu Hause. Als ich nach Schreibutensilien suchte, zog ich die Schublade heraus und das Erste, was ich sah, war ein Revolver. Die Versuchung war groß. Ohne mich vom Tisch zu bewegen, rief ich Muni an: – Komm sofort her. Ich werde genau zwanzig Minuten warten, länger halte ich es nicht aus.

Muni kam.«

1916 brachte Muni sich um.

Mit den Jahren wurde der Ton von Chodassewitschs Gedichten immer trockener und zynischer. Der Überdruss am Leben und die zunehmende Isolation führten zu einer wachsenden Verbitterung. Er schrieb kaum noch mehr als ein oder zwei Gedichte pro Jahr. Er starb 1939 nach langer schwerer Krankheit.

Der Äther bebt. Ein Stern entbrennt.
Es lauert Nacht unter den Bögen.
Dein unwahrscheinliches Präsent:
die Welt: ich sollte sie nicht mögen?

Da ich den Raum, die Zeit erhielt,
fünf Sinne, die nicht ohne Fehle?
Im Feuerbrand der Wünsche spielt
die Wankelmütigkeit der Seele.

Und ich erschaffe aus dem Nichts
mir Deine Berge, Wüsten, Seen,
die Glorie Deines Sonnenlichts,
das also schmerzlich anzusehen.

Und schlage plötzlich in den Wind
all diese netten Narreteien,
so wie ein aufgewecktes Kind
ein Haus zerschlägt aus Kartenreihen.

(1921)

Nur bitte: Keinen Flieder
und keine sanften Lieder. –
Es wäre mir zuwider:
Ich falle in mich selbst.

Was Menschen klar erkennen,
was sie als schön benennen,
von all dem will sich trennen
mein aufgewühlter Geist.

Ich kann nicht mehr. Entschwinde
geschwinde, o geschwinde,
wie fahler Rauch im Winde,
du übler Traum der Welt!

(1921)

Dunkel die Straße. Da schepperte schwach
oben ein Fenster ganz nahe dem Dach.

Vorhänge schwirrten, das Licht hat gebrannt,
flüchtiger Schatten stieß ab von der Wand.

Irgendein Glückspilz ... – Wer kopfüber fällt,
sieht, wenn auch kurz, eine andere Welt.

(1922)

Muni (Samuil Kissin, 1885–1916)

könnte als eine grandiose literarische Mystifikation Chodassewitschs angesehen werden, wäre seine reale Existenz nicht tatsächlich verbürgt – so stark ähneln seine Gedichte denen des späteren Chodassewitsch: Kein symbolistisches Schwelgen, sondern Trockenheit des Stils und emotionale Nüchternheit. Als Jude mit einem schweren Schicksal beladen: Stete Sorge der Familie um eine Verlängerung der Aufenthaltsgenehmigung in der Hauptstadt. Zwar heiratete Muni 1909 Brjussows Schwester Lydia, aber es half ihm wenig: Als hartgesottener Antisemit brach Brjussow den Kontakt zu den Eheleuten sofort ab. Die Geburt einer kranken Tochter war ein weiterer Schicksalsschlag für den Dichter.

Unmittelbar nach dem Kriegsausbruch wurde Muni als kleiner Beamter an die Front berufen. Finanzielle Sorgen und qualvolle Selbstvergeudung an administrative Aufgaben führten zu wachsender Ermüdung. Diese machte sich zunehmend auch in seinem ohnehin schmalen literarischen Œuvre bemerkbar: »Im Grunde wurde nichts zu Ende gebracht: entweder hörte er mittendrin auf oder polierte nicht nach. Alles, was er schrieb, war schlechter als das, was er hätte schreiben können«, bedauerte Chodassewitsch. – Ein Urteil, das heute kaum noch haltbar ist, denn gerade das Fragmentarische macht Munis Texte so faszinierend. In seinem Kurzdrama »Die Rache eines Negers« (1908) erweist er sich als der wohl erste russische Absurdist, in seiner Erzählung »Leichte Bürde« (1908) als der erste Existentialist.

Munis Selbstmord folgte auf einen spontanen Entschluss: Im Zimmer seines Kameraden erblickte er einen Revolver und schoss sich in den Kopf. Sein Archiv wurde vor einigen Jahren wie durch ein Wunder vor der Vernichtung gerettet und ediert.

>>Auch du, die zauberlose Circe ...<<
Jewgenij Baratynski

Die Zeit verrinnt. Die ferneren Bezirke
haben in ihre Kälte mich getaucht.
Das Leben – eine zauberlose Circe –
von jenseitiger Kühle angehaucht.

Das Leben! Habe ich den Kern des *Nagens*
nicht selber meinen Lippen dargereicht,
als Ende allen Frohsinns, allen Klagens,
der Qual, die bleibt, der Trauer, die verstreicht?

Du bist ein offenes, vom Wind durchwehtes,
von allen Wogen heimgesuchtes Land.
Und jede Woge ist die Woge Lethes,
und jeder Wind ist von Kozytus' Strand.

(1911)

Ich bin ein schwerer Stein. Bin ohne Willen.
Das Schicksal schleppt mich hoch wie Sisyphus.
Und ich gehorche ihm, weil ich es muß.
Ich bin ein schwerer Stein. Bin ohne Willen.

Doch dann entgleite ich und stürze ab,
und Sisyphus verflucht mich. Aus den Tiefen
versucht er wieder, mich empor zu hieven,
doch dann entgleite ich und stürze ab.

Einst kommt, ich weiß, die langersehnte Stunde:
Ich falle in die Schlucht unendlich weit,
da ist es still und kühl in Ewigkeit.
Einst kommt, ich weiß, die langersehnte Stunde.

(1911)

Wadim Scherschenewitsch (1893–1942)

trat in der Öffentlichkeit manchmal unter dem Pseudonym »Gajer« auf, was auf Russisch so etwas wie »Hofnarr« bedeutet. Dies ist kein Zufall, denn kaum ein anderer Dichter erhob die *Gaukelei* so sehr in den Rang des Poetischen. Brillant in seiner Inkonsequenz, wechselte er mehrmals die Fronten: vom Symbolistmus zum Futurismus und schließlich zum Imaginismus. Die Tatsache, daß er neben unzähligen Gedichten sehr viele Essays verfasste, erlaubte ihm, sich schließlich als Theoretiker (und damit auch als *Begründer*) des Imaginismus zu sehen – einer Bewegung, die erst in jüngster Zeit wieder seriös studiert wird, so sehr hat sie sich mit ihrem provokanten Programm die Reputation verdorben. Seine Bildung führte Wladimir Majakowski zu dem Bonmot: »Im Kommunismus wird es keine Literaturbeilagen mehr geben, sondern nur einen großen aufgeschnittenen Scherschenewitsch.«

Scherschenewitsch nahm in seiner Lyrik so ziemlich alles auf die Schippe: Jedes Phänomen war ihm sprachliches Material und damit Mittel zur Jonglage. Als eingefleischter Urbanist spielte er selbstverständlich auch mit dem Thema des Suizids. Aber der Spaß wurde schon bald zum bittren Ernst: Nach dem Selbstmord von Nadeschda Lwowa, seiner intimen Freundin, brachte sich 1926 auch noch seine Ehefrau, Julia Dischur, um. Julia war Schauspielerin und darüberhinaus eine äußerst attraktive und intelligente Person. Die Ursache ihres Freitods war ein Ehestreit. Sie fuhr nach Kiew und erschoss sich. »Über ihren Tod erfuhr ich aus Zeitungen, und noch Tage nach dem Tod dieser Frau erhielt ich von ihr, der Verstorbenen, Briefe. Briefe von Kiew nach Moskau brauchten länger als die Kugel vom Lauf bis zur Schläfe«, erinnerte sich Scherschenewitsch. Sein Gedicht »Reminiszenz« zitiert im Motto Brjussows »Dämon des Suizids« und unterscheidet sich von den anderen hier angeführten durch die Ernsthaftigkeit des Tonfalls.

Nach 1926 arbeitete Scherschenewitsch hauptsächlich fürs Theater und als Lyrikübersetzer. Seine Gesamtübersetzung von »Les Fleurs du Mal« wartet bis heute auf ihre Veröffentlichung. Scherschenewitsch starb in der Evakuierung in Barnaul an Tuberkulose.

Ich vergaß das Jahr – es war Freitag –, da rollte ich
in der Kutsche zum Wolkenkratzer hin.
Die ergraute Concierge bat ich, sie sollte mich
im Lift in die Sechste zu Ihnen ziehn.
Und Sie eilten tuberkulose- und veilchenbleich
oben zum Fahrstuhl, denn Sie sahen mich kommen.
War allein im Lift, zerrte am Seilchen leicht
und habe kosend den rechten Handschuh abgenommen.
Stets verkürzte das Seil ich vom Hebewerk
und war in der Vierten, da hört ich Sie trällern,
und noch ein Lied hab ich daneben bemerkt,
gesungen vom Teufel aus dem Keller.
Da plötzlich stockte die Weiterfahrt,
zwischen zwei Stöcken war ich steckengeblieben,
schlug um mich, erhob ein Geschrei derart,
daß man meinte, eine Maus sei in die Falle getrieben.
Und höher, mitten
durchs Dach Sie schritten,
und der Teufel sang lauter, mit noch mehr Pracht.
Ich hörte sein Lied durch des Aufzugs Gitter
und fiel in den Schacht.

(1913)

Der Sommerhimmel ist wie Mulattenbräune,
und auf der Wange ist Sonne wie Blut-Erguß,
lärmend stürzen Vitrinen, Zelte und Zäune,
und Häuser brechen durch und ertrinken im Fluß.
Verzweifelt fallen ins Bodenlose die Kutschen,
im granitnen Pflaster ist jeder Stein gereizt und geweckt,
Frauen ohne Bekleidung, am Kopf – Federbüsche,
und im Knopfloch der Herren die Wimper Satans steckt.
Und nur Sie, Elektrizität aus den Blicken sprühend,
sehen mit einem Auge, leicht ergrimmt,
wie ein Hamlet im Kranze aus Theorien
sich über meinem Schädel auf die wildesten Träume

                                                             einstimmt.
Die Luft ist seelenlos und mandelbitter,
Autos kippen in die Brüche der Zeit und verschwinden darin,
Sie aber singen: Poor Yorick! nach alter Sitte,
der Narr der Lebenskönigin ist dahin!

(1913)

Reminiszenz

»Ein treuer Freund ...«
W. Brjussow

Dort oben, auf den höchsten Klippen,
von denen keiner niederstieg,
verlangst du Antwort: Deinen Lippen
entströmt die seltsamste Musik.

Dein Flüstern hört man auf den Schienen,
wo es die Unachtsamen lockt:
Aus weiter Ferne rät es ihnen:
Den Kopf unter die nächste Lok.

Und deines Umhangs blauen Himmel
kennt jeder, der in Dunkelheit
nach Brot verlangt, auch deine Stimme,
die alle Schluchzer überschreit!

Im Nachhall düsterer Gesänge,
wenn um mich her die Stille sank,
oh schwarzer Katastrophen-Engel,
vernahm ich deiner Stimme Klang.

Einst hatte ich in vollem Umfang
auf dieses Leben Lust verspürt,
bis zweimal du mit deinem Umhang
meine Gefährtinnen berührt.

Und nun, zum dritten Mal, erfasse
ich deine Näh: Da flattert schon
vor meinen Augen jener blasse
und blaue Umhang, den ich hasse,
mir seine Ankunft anzudrohn.

Entweihe nicht den Ort! Verloder! –
ruf ich ihm zu, und sei verflucht!
Entweder täusche ich mich, oder
ich bin es selbst, den du gesucht ...

(1931)

Chrisanf (Leon Sak, 1895–1980)

leitete zusammen mit Wadim Scherschenewitsch 1913 die Gruppe der Moskauer Ego-Futuristen »Mezzonino der Dichtung«. Als Ästhet und Graphiker suchte er in der Poesie nach neuen Subtilitäten und Extravaganzen. (Er begründete unter anderem die Theorie der »Wortdüfte«, der zufolge ein Wort neben dem Sinn und dem Klang über eine eigene Duftnote verfügt.) Und wie sein Dichterkollege Scherschenewitsch erhob er die Inkonsequenz in literarischen Fragen zum Prinzip: Aus einem Verfechter der Avantgarde wurde, nach Scherschenewitschs Bemerkung, ein waschechter »Passeist«, ein Verkünder der klassischen Bildungswerte also. Der von Chrisanf geplante Gedichtband »Pyrotechnische Improvisationen« ist nicht erschienen. 1920 verließ er Russland. Das bislang einzige Buch Chrisanfs, »Der Morgen im Inneren«, das neben den frühen Gedichten auch seine späte Lyrik enthält, erschien erst 1970 in München, wo er zehn Jahre später starb. Auch durch seine Verse spukt der »Dämon des Suizids« als Pausenclown einer sensationslustigen Fantasie.

Das Verzweifeln umklammer
ich mit aller Gewalt: Es zieht
mich entsetzlich in seine Kammer
der Dämon vom Suizid.

Die Einsamkeit ist veranschaulicht!
Kein Grund zum Frohsinn!
Deine Rhythmen – erstaunlich
stimmig, wie ein Strauß Rosen.

Warte ein wenig, denn freiwillig
komm ich womöglich besser hin!
Das Herz will Gift – ihm ist langweilig:
Zerschneid es mit deinem Messerchen.

(1913)

Alexander Blok (1880–1921)

galt bereits zu Lebzeiten als der wichtigste und eigentümlichste Dichter des St. Petersburger Symbolismus und als der »tragische Tenor seiner Epoche«. Es ist eindeutig die *düstere* Note, die in seinen Versen vorherrscht. Das Leiden des Individuums in der Großstadt, der Bruch des Intellektuellen mit dem Volk sind Themen, die um die Jahrhundertwende fast zwangsläufig zu Depression und tiefem Pessimismus führen mussten. So ist es nur verständlich, wenn in Bloks Gedichten immer wieder Zeilen mit selbstmörderischen Impulsen auftauchen.

Als Lyriker, dessen größte Sorge es war, mit dem Geist seiner Zeit zu verschmelzen, erblickte Blok in der Oktoberrevolution ein geschichtliches Naturereignis, das er innerlich annahm und an dem er trotzdem litt und schließlich zerbrach. Wladimir Majakowski erinnerte sich an eine nächtliche Begegnung: »Ich frage: ›Gefällt's?‹ – ›Gut‹, meinte Blok und fügte dann hinzu: ›Auf dem Lande hat man mir die Bibliothek abgebrannt‹. Dieses ›gut‹ und ›Bibliothek abgebrannt‹ waren die zwei Sichtweisen auf die Revolution, die sich auf fantastische Weise in Bloks Poem *Zwölf* miteinander verbanden.«

Bloks Ende (faktisch zeitgleich mit einem seiner größten Gegenspieler, Nikolaj Gumiljow) bedeutete das Ende einer Epoche. Delirien. Ohnmachtsanfälle, verursacht durch unerträgliches körperliches, vor allem aber moralisches Leiden. Angst vor der drohenden Leere ...

Nacht für Nacht das gleiche Bild: die Gassen
    öd und grau.
Sag, wo hast du deine Scham gelassen,
    stolze Frau?

Von den Dächern rieselt feuchte Schwere.
    Ich, der schwieg,
will den Himmel lästern, ich erkläre
    ihm den Krieg.

Daß die Welt *noch niemanden beglückte*,
    ist bekannt,
weshalb mancher die Pistole drückte
    in der Hand.

Weshalb mancher, trotz der Widerstände
    Tag für Tag
weiter lachte, weinte *und am Ende*
    doch erlag.

(1908)

44

Es schwellen die Wünsche, die Bauten,
aber wirf zurück einen Blick:
Wo wir weiße Häuser erschauten,
da siehst du nur schwarzen Schlick.

Wenn doch etwas beim Alten bliebe!
Stattdessen enteilt es stumm.
Du, Orpheus, verlorst deine Liebe.
Jemand sagte dir: »Dreh dich um ...«

Weißes Tuch übers Haupt gezogen,
stürz ich ins Wasser hinein.
Möge dort, in den Wogen,
eine duftende Blume gedeihn.

(1902)

Viktor Hofmann (1884–1911)

ist ein heute kaum noch bekannter Symbolist (er selbst nannte sich übrigens »mystischer Intimist«), der zu Lebzeiten zwei Gedichtbände herausgeben konnte. Nach seinem Zerwürfnis mit Brjussow, dessen Verfechter er einst war, arbeitete er für diverse Zeitungen und verfasste gleichzeitig fragile, erotisch angehauchte Prosatexte. Eine anwachsende Neurasthenie führte ihn nach Paris, aber auch dort fand er nicht die erhoffte Linderung seines Zustands. Erst sein zweiter Selbstmordversuch (beim ersten durchschoss er sich lediglich einen Finger) brachte ihm in der französischen Metropole den Tod. Nach der Meinung seines Literatenfreundes Georgij Tschulkow war der Freitod Hofmanns aber nicht so sehr eine Folge der psychischen Erkrankung, sondern geschah eher aus Angst vor deren möglichen Ausbruch.

Am Boulevard

Über die Dächer kommt geschlichen
ein Rauch von Bläue und Gefahr.
In langen Reihn aus hellen Strichen
pulsiert und lebt der Boulevard.

Es klaffen weiße Häuserrisse:
Pupillen, die der Tod zerfraß.
Es fällt die finstere Kulisse,
und voller Unruh flammt das Gas ...

»Doch Ihr Profil kann fort mich tragen
bis hin zum Traum – es ist so zart.«
Geklirr und Lärm, Gequietsch der Wagen,
die ungeheure Achse knarrt.

»Doch Ihr Profil von Ernst und Strenge
erschien mir stets besonders schön.«
Ein Rattern, Knirschen und Gedränge,
der Kutsche donnerndes Gedröhn.

»Doch Ihr Profil mit seinen leisen
Konturen – hier? In diesem Sumpf?«
Aufbrüllt vertausendfacht das Eisen
im unbeschreiblichen Triumph.

Es fällt die finstere Kulisse,
und voller Unruh flammt das Gas.
Und lachend klaffen Häuserrisse:
Pupillen, die der Tod zerfraß.

(1904)

Unter den Gaslaternen

Mit Schatten jammervoll beladen,
im bösen Spiel der Flackerlichter,
ziehen auf langen Seitenpfaden
der Straße sinnende Gesichter.

Verschwommen scheinen sie im Feuer.
Es heult von fern ununterbrochen.
Und lautlos kommt die Stadt gekrochen
als ein beäugtes Ungeheuer.

»Vergehn, vergehn! Was kann mich trösten?
Es drückt der Wände Riesenwuchs,
weshalb sich mir die Tränen lösten
ob deines grausamen Betrugs!

Vergehn, vergehn! Hier dröhnt und knarrt es,
und Paare huschen voller Hast ...
Wie täuschte mich dein Wort, dein zartes!
Wie sehr du mich betrogen hast!«

Es flackert das besorgte Feuer,
es heult von fern ununterbrochen:
Da kommt die Große Stadt gekrochen,
ein Tier, beäugt und ungeheuer ...

Im bösen Spiel der Straßenlichter,
mit Mißtraun und mit Gram beladen,
verwehn, ersterben die Gesichter
auf steinig weißen Seitenpfaden.

(1904)

48

Ich bin fort, der so müde erschienen,
du bist fort, die so silbern und vage.
In dem Chaos der schwarzen Ruinen
sind wir Schatten verflossener Tage.

Und die Menschen? Sie hausen auf Klippen,
wo sie gierigen Aasgeiern gleichen.
In den rauchenden Häusergerippen
nur noch Reste verwüsteter Leichen.

Nur noch Stöße satanischer Winde,
ungeheuere, rufende, rasche.
Nur noch schimmernde, eisige Rinde
und verpestete, ätzende Asche.

(1904)

Anna Radlowa (1891–1949)

schöpfte ihre Inspiration aus den mystischen Lehren und Gesängen diverser russischer Volkssekten. Auch andere Dichter (wie Andrej Bely, Marina Zwetajewa, Sergej Jessenin, Nikolaj Kljujew etc.) sahen hierin eine Möglichkeit der Begegnung mit dem »unverfälschten Geist des Volkes«. Radlowa gelang es, ihren eigenen literarischen Salon anfang der zwanziger Jahre in eine Art neognostischen Kreis umzuwandeln. Zusammen mit dem Lyriker Michail Kusmin begründete sie 1923 die literarische Strömung des »Emotionalismus«. In eben diesem Jahr erschien ihr wohl wichtigster Gedichtband »Der beflügelte Gast«, mit dem sie Anna Achmatowa den ihr allgemein zuerkannten Rang der Ersten Lyrikerin strittig machte, was jene ihr nie verzeihen sollte: »Radlowa ist eine Kröte«, beschwerte Achmatowa sich bei Kornej Tschukowski. Ein zusätzlicher Grund für die Rivalität der beiden Frauen war Radlowas legendäre Schönheit und nicht zuletzt ihr attraktiver Ehemann, der Regisseur Sergej Radlow, für den Achmatowa offenbar eine Schwäche besaß …

Neben eigenen Werken fertigte Radlowa Übersetzungen von Theaterstücken an, insbesondere von Texten Christopher Marlowes und William Shakespeares. Im Zweiten Weltkrieg wurde sie in Pjatigorsk von den deutschen Besatzern gezwungen, mit einem deutschen Theater zusammenzuarbeiten und Aufführungen in Berlin und Paris mitzugestalten. 1945 wurde sie von den Alliierten an die Sowjetunion ausgeliefert und verhaftet. Sie starb in einem Stalin'schen Konzentrationslager.

Einen Angelpunkt in den mystischen Anschauungen der Chlysten- und Skopzen-Sekten bildet das Verlassen der irdischen Welt – ein Prozess, der oft genug ekstatische und durchaus suizidale Formen annimmt, wie auch in den beiden hier vorgestellten Gedichten aus dem »Beflügelten Gast«.

Nicht allzu schwer erscheint die Erdenschwere.
Der Mensch verlacht das Newtonsche Gesetz:
Er fällt nach oben – in die Äthersphäre –
im Wirbel des ekstatischen Balletts.
Nein, nicht die Seele hebt sich aus dem Leibe:
Es ist der Leib, der sich dem Leid enthebt,
sein Blut verdampft im Flug, damit nichts bleibe
vom Irdischen, je höher er entschwebt.
Was braucht er noch den Strick und die Pistolen,
die bittren Gifte und den scharfen Stahl? –
Dianas Pfeil ist niemals einzuholen,
wenn er auch sanft ist wie des Mondes Strahl.
Dann kommen sie und suchen deine Wunde,
die bösen dummen Menschen, finden nichts
und sprechen voller Zweifel von dem Wunder:
»Es kann im Kosmos keiner angesichts
der Not vergehn!« Sie werden kaum erkennen
unsterblich um des Toten Stirne brennen
die zarte Sichel segenreichen Lichts.

(1922)

Dreifach der feuerflüglige Tag, der Hahn, der vorherbestimmt,
flattert, kräht, verglimmt.
Dreimal verleugnetes Heil.
Die Brücken der Newa sind steil,
und ihre Fluten sind schwarz,
in die du verlangend starrst.
Wenn dein Auge dich ärgert, so reiß es aus, sieh weg.
Auf der weiten Erde findet sich gewiß ein anderer Weg
und ein anderes, schlichtes Land.
Nicht schenk ich mein Herz dem Tand.
Dort, wo kein Laut jemals die Stille durchstach,
ist der Tempel – das Herz, der Himmel – das Dach.
Dort backt man zur Wandlung kein Brot, dort wird nicht gekniet,
Und erklingt das Cherubinische Lied,
küß ich den geliebten feurigen Christ
mitten auf den Mund, der von Honig ist.

(1922)

Michail Kusmin (1872–1936)

gilt nach wie vor als einer der wichtigsten Lyriker des »Silbernen Zeitalters«. Eine zerrissene Persönlichkeit: passionierter Mozart-Verehrer, Chansonier, Komponist, geistiger Sucher, der auf den geheimnisvollen Pfaden mystischer Volkssekten wandelte, bekennender Homosexueller, Verfasser von stilistisch brillanten, galanten salonhaften Verslein und religiösen Hymnen mit versteckten gnostischen Sinnbezügen. All das verband sich in Kusmins Gestalt zu einer schillernden Synthese. Er nahm Anteil am Symbolismus und dem Akmeismus, ohne wirklich einer der beiden Bewegungen anzugehören, in der Hoffnung, eines Tages eine eigene Schule begründen zu können: 1909 initiierte er den »Klarismus«, 1923 zusammen mit Anna Radlowa den »Emotionalismus«. Neben schier zahllosen Gedichten und Lyrikübersetzungen verfasste er in bewusst oberflächlich gehaltener Manier Romane, Novellen, Opernlibretti und Theaterstücke.

Anna Achmatowa, zu deren Debütband »Der Abend« Kusmin das Vorwort schrieb, charakterisierte ihn dennoch nicht gerade schmeichelhaft: »Kusmin war ein sehr übler, missgünstiger und nachtragender Mensch.« An einer anderen Stelle heißt es: »Er war einer von denen, die offenbar alles dürfen. Ich werde nicht aufzählen, was genau er alles durfte, aber wenn ich es täte, würde sich dem heutigen Leser das Haar sträuben.« Als ausgesprochener Antimoralist hatte Kusmin seinen Spaß daran, Intrigen zu schmieden und mit Menschenschicksalen zu spielen. 1910 lebte er mit dem Künstler Sergej Sudejkin und dessen Ehefrau Olga Glebowa-Sudejkina zusammen, einer begnadeten Schauspielerin, Tänzerin und Chansonette. Parallel dazu ging Kusmin eine Liaison mit dem jungen Husaren Wsewolod Knjasew ein, der sich wiederum in Olga verliebte. Kusmin begann bald damit, das explosive Beziehungsgeflecht in chiffreartigen Gedichten zu mythisieren und einen tragischen Ausgang zu prophezeien, um nicht zu sagen: heraufzubeschwören. 1913 erschoss sich Knjasew aus unglücklicher Liebe in Riga. Kusmin nahm die Nachricht vom Tode des Freundes mit äußerster Gelassenheit hin und ging nicht einmal zum Begräbnis. 1927 erinnerte er sich in der Einleitung zum Gedichtzyklus »Die Forelle bricht das Eis«, in der neben dem 1912 ertrunkenen Maler Nikolaj Sapunow als Husarenknabe mit durchschossner Schläfe auftritt an Knjasew. Dieser Prolog wurde zum Ausgangspunkt vom bedeutendsten Werk Anna Achmatowas, dem »Poem ohne Held«.

Kusmin starb 1936 in einem Armenspital – früh genug, um nicht dem Stalin-Terror zum Opfer zu fallen, wie Achmatowa bemerkte.

Welch ungeladne Gäste
besuchten mich zum Tee?
Jetzt muß ich sie bewirten,
ganz gleich, wie ich es seh ...

Ihr Blick ist schon erloschen,
die Finger wie von Wachs
und speckig ihre Kleidung
gleich der des Bettelpacks.

Die Namen sind entfallen,
die Worte längst verhallt ...
Vor düsteren Gesprächen
vergesse ich mich bald ...

Mal tanzt ein junger Maler,
einst starb er in der Flut,
mal ein Husarenknabe,
an seiner Schläfe Blut ...

Und Sie, noch ungeboren,
verehrter Dorian Gray?
Es sitzt sich wohl gemütlich
auf meinem Kanapee?

Tja, Küchenmagd *Gedächtnis*,
du Butler *Phantasie*,
die ungezognen Streiche
vergebe ich euch nie!

(1927)

Wsewolod Knjasew (1891–1913)

wäre uns heute vollkommen unbekannt, hätte Michail Kusmin ihm nicht flammende Liebessonette gewidmet und Anna Achmatowa ihn zu einer der Hauptpersonen ihres epochalen Werks »Poem ohne Held« gemacht. In Knjasews einzigem 1914 postum erschienenen Gedichtband tritt uns nicht etwa ein Dichter mit einer eigenen Sprachmanier entgegen: Die meisten Zeilen halten sich lediglich an gängige lyrische (insbesondere ego-futuristische) Klischees. Aber dennoch überraschen einzelne Verse durch ihre Ausdruckskraft, wie die berühmten: »Die Liebe schwand, da wurde klarer / und näher mir die Sterblichkeit«, die Achmatowa dem vierten Kapitel ihres Poems als Motto voranstellte.

Nach seiner Bekanntschaft mit Kusmin, die offenbar zu einer Liaison wurde, verliebte Knjasew sich in die Tänzerin und Schauspielerin Olga Glebowa-Sudejkina, eine Liebe, die Kusmins Eifersucht anstachelte. Er muss seinen Einfluss auf Sudejkina verstärkt haben, um eine Beziehung zwischen den beiden zu verhindern.

1912 wurde der junge Husar Knjasew nach Riga versetzt. Von dort aus sandte er seiner Geliebten Briefe in Versen, in denen er sich zu einem Pierrot und sie zu einer Colombine stilisierte. Schließlich – überzeugt vom Scheitern seiner Liebe – erschoss er sich.

Nicht umsonst ist der Spiegel heute zersprungen,
nicht umsonst schwieg die Uhr in den Nachbarräumen,
es wurde eine Totenmesse gesungen,
und immer wieder mußte ich vom Fallen träumen.

Nicht umsonst erwies sich jede Prophezeiung als richtig.
Und der Brief ... nicht umsonst auf gelbem Bogen ...
Bin ich ein Clown, ein Mönch, ein Husar? – Nicht wichtig!
Nur frisch dem heiteren Tod entgegengezogen!

(1912)

Froh promenierte ich heute über den Newa-Strand!
Dabei zerriß in tausend Stücke mein Herz, das wehe ...
Zu wissen: Ein anderer küßt Ihre Hand.
Zu wissen: Nicht Sie, nicht Sie sind in meiner Nähe!

Und dann ... Ich weiß es nicht mehr ... Man spielte »Lakmé«*,
jemand scherzte, ich sei noch nie so lebensmüde gewesen ...
»A mon poète et bien-aimé« –
muß ich wieder und wieder auf dem trauten Umschlag lesen.

(1912)

* »Lakmé«, eine Oper von Léo Delibes (1836–1891), die von der ver-
botenen Liebe eines britischen Leutnants zu einer bengalischen
Priesterin handelt.

Wo sind die Töne, die im Klingen
vergleichbar wären meinen Wehn? ...
Von welchen Klippen soll ich springen,
in welchen Meeren untergehn?

Der Doppelhimmel ihrer Blicke,
des Paradieses Sonnenstrahl ...
Da seh ich sie – verstummt, voll Tücke,
da seh ich sie zum letzten Mal!

Die Liebe schwand, da wurde klarer
und näher mir die Sterblichkeit ...
Mein Herz – dein glühender Bewahrer –
bleibt aber dennoch dir geweiht!

(1912)

Anna Achmatowa (Anna Gorenko, 1889–1966)

entwickelte sich aus einem ländlich provinziellen Mädchen, das hübsche Albumverse schrieb, rasch zu einer anspruchsvollen und hochgebildeten *Femme fatale*, die im Mittelpunkt des St. Petersburger Literaturlebens stand und deren Gedichte zum Kanon ihrer Generation wurden. Viele Männer warben um sie. Der Dichter Nikolaj Gumiljow, ihr erster Ehemann, kannte am eigenen Leibe die unwiderstehliche, aber auch tödliche Wirkung, die von ihr ausging. Fünf Jahre bemühte er sich um ihre Hand und unternahm in dieser Zeit mehrere misslungene Selbstmordversuche. Das Gedicht »Und im Schutze des Schleiers …« ist möglicherweise die Beschreibung eines Rendezvous mit ihm, das in suizider Verzweiflung des Liebenden endet. Die folgenden Texte »Die Geliebten verlangen so viel …« und »Grüß dich …« thematisieren die problematische Ehe zwischen den beiden Dichtern, den Kampf um die literarische Vorherrschaft.

Seit der frühsten Kindheit wurde die Dichterin mit Selbstmorden konfrontiert. Der erste Ehemann ihrer Mutter brachte sich um. Seine zweite Frau, Achmatowas Kusine, heiratete später Achmatowas Bruder Andrej Gorenko, der sich 1920 das Leben nehmen sollte. 1905 an der Krim verübte schließlich auch die junge Anna aus Verzweiflung über die Trennung ihrer Eltern einen Selbstmordversuch.

Der Freitod des dichtenden Husaren Wsewolod Knjasew wegen seiner unglücklichen Liebe zu Olga Glebowa-Sudejkina, mit der Achmatowa eng befreundet war, blieb ihr lange Zeit im Gedächtnis: »Wsewolod war nicht mein erster Toter und schon gar nicht mein Geliebter gewesen, aber sein Selbstmord ähnelte so sehr einer anderen Katastrophe … dass sie für mich auf immer miteinander verschmolzen«, notierte sie. Sie spielte dabei auf den jungen Michail Lindberg an, der sich Ende 1911 aus Liebe zu Achmatowa das Leben genommen hatte. Erst Jahrzehnte später griff sie die tragischen Vorfälle auf, um sie sprachlich zu verarbeiten. Den Anlass boten Briefe und Papiere Glebowa-Sudejkinas, die in Achmatowas Besitz übergingen, darunter auch einige Gedichte Knjasews. Aus einer auf den ersten Blick banal scheinenden Boulevardgeschichte erschuf Achmatowa in zweiundzwanzigjähriger Arbeit ein Jahrhundertwerk, ihr Versepos »Poem ohne Held«. Knjasew wird im ersten Teil des Poems (»Das Jahr 1913. Eine Petersburger Novelle«) zu einer Gestalt, die die Charakteristik der Epoche in sich vereint, Glebowa-Sudejkina zu einer Doppelgängerin Achmatowas. Im ersten der hier vorgestellten Auszüge werden die beiden Figuren der Handlung eingeführt. Das vierte Kapitel des Poems schildert den Selbstmord Knjasews.

Und im Schutze des Schleiers verrenkte
ich die Hände. »Warum bist du blaß?«
– »Weil ich ihn bis zum Äußersten tränkte
mit der Trauer so würzigem Naß.«

Wie er wankte, wie qualvoll den Mund er
da verkrampfte – es schwebt mir noch vor.
Halb besinnungslos lief ich hinunter
und ich eilte ihm nach bis zum Tor.

»Scherze trieb ich! Wirst du mich verlassen,
bin ich tot!«, stieß ich atemlos aus.
Doch er lächelte schrecklich, gelassen
und bemerkte: »Es zieht. Geh ins Haus.«

(1911)

Die Geliebten verlangen so viel!
Aber niemals verlangt, wer verlassen.
Ich bin froh: Unterm Eise fragil
wartet heute in Spannung das Wasser.

Und ich werde – Gott schenke mir Mut! –
diese glitzernde Fläche beschreiten.
Meine Briefe: bewahre sie gut
als ein Zeugnis für kommende Zeiten,

daß noch besser, noch tiefer sie
deine Weisheit und Stärke verstehen,
deine glorreiche Biographie
sollte keine Details übersehen.

Denn die Netze der Liebe sind dicht,
und die irdischen Tränke betören.
Mögen später im Schulunterricht
meinen Namen die Kinder hören,

damit ihnen ein Schmunzeln entfährt
über diese fatale Historie ...
Hast mir Liebe und Ruhe verwehrt,
aber laß mir die tragische Glorie.

(1913)

Grüß dich! Ob dein Ohr den zarten
Hauch am Tisch vernahm?
Die Papiere müssen warten,
da ich zu dir kam.
Ob du mir erneut am Ende
die Leviten liest –
weil du weder meine Hände
noch die Augen siehst?
Wieviel Licht und Ruh erblick ich
hier. O jage mich nicht weg
zu dem Brückenbogen stickig
und dem Wasser voller Dreck.

(1913)

Aus: Poem ohne Held

Auszug aus dem »Lyrischen Intermezzo«
(enthalten in: »Das Jahr 1913. Eine Petersburger Novelle«)

Klappern Hufe unter dem Röckchen?
   Die Ohrringe scheppern wie Glöckchen,
      böse Hörnlein zwischen den Löckchen.
         Und vom rasenden Tanz gepackt,
lief sie zur Flut, zur lasurnen
   – wie auf schwarzen griechischen Urnen –
      und zeigte sich feierlich nackt.
Iwan der Dumme – marschierte
   ihr nach jener Uniformierte
      als der einzige Unmaskierte.
         Warum ist dir traurig zumut?
Deine Liebe ist dunkel. Es hüten
   die Worte viel Trübsal. Versprühten
      sie über Wangen-Blüten
         diesen winzigen Tropfen Blut?

Viertes und letztes Kapitel

> Die Liebe schwand, da wurde klarer
> und näher mir die Sterblichkeit.
>
> W. K.

Ecke Marsfeld. Das Haus, das Anfang des 19. Jahrhunderts
von den Gebrüdern Adamini *erbaut wurde. 1942 trifft es eine*
Flugzeugbombe.
Ein großes Feuer flammt auf.
Glockenläuten von der Heiland-auf-dem-Blut-Kirche *wird hör-*
bar. Auf dem Feld, im Schneesturm, ein geisterhafter Tanzball
aus dem Winterpalais. *In die Zwischenräume der Töne spricht*
die Stille selbst:

Wer starrt am erloschnen Fenster?
   Um wessen Blick ist es finster?
      »Gelbe Locke« an wessen Brust?
»Helft, sonst bin ich verloren!
   Nie hab ich so gefroren
      und empfand einen solchen Verlust.«
Brisen mit baltischen Salzen,
   am Marsfeld die Winde walzen,
      gespenstischer Hufschlag klirrt ...
eine Wehmut, mit nichts zu vergleichen,
   für den, dessen Tage verstreichen,
      der vom Himmel erfleht zu weichen
         und auf ewig vergessen wird.
Er wacht vor dem Haus. Mit fahlen
   unbarmherzigen Strahlen
      trifft die Laterne ihn.
Auf dem »Weg von Damaskus«* sieht er
   die zierliche Maske wieder
      in Begleitung nach Hause ziehn ...
mit dem, der »nicht ganz geheuer

und n a m e n l o s« ... Und im Feuer
    zuckt Trennung – kein bloßes Symbol,
sondern Wirklichkeit – Wände zerfallen
    und darauf: ein Bruchstück: ein Lallen:
        »Schwester, Geliebte, Idol!
Ich lasse dich zwar auf Erden,
    doch du sollst m e i n e Witwe werden,
        es ist Zeit ...
            für ein *Lebewohl*!«
Auf der Treppe – Parfum. Und ohne
    jeden Sinn reift der Tod im *Dragoner-*
        Kornett, dessen Poesie
dich selbst in den letzten Sekunden
    noch preist. Hat er Mut gefunden,
        zieht er die Klingelschnur.
            Sieh:
Nicht in die blauen Karpaten
    oder preußischen Sümpfe geraten ...
        Er fällt dir quer
            vor die Tür.
        Gnade Gott dir dafür.

        (Dummes Kind, von den Dichter-Toden,
        die sich ihm angeboten,
        wählt er diesen, gebricht
        am ersten Korb! Kann er ahnen,
        wo er steht und auf welche Bahnen
        sich ihm öffnet die Sicht? ...)

Jenes Drama, das längst verbrannte,
    leg ich still auf die Fensterkante
        im Haus des Verstorbenen.
        Bin im Verborgenen
        dein Gewissen –
            und gehe auf Zehenspitzen hinaus ...

* Olga Glebowa-Sudejkina nahm am Schauspiel »Der Weg von Damaskus« teil, das im Kabarett »Streunender Hund« aufgeführt wurde. Auf das Gedicht »Nach Damaskus« von Walerij Brjussow zurückgehend, ist der Ausdruck »Der Weg von Damaskus« im zweiten Jahrzehnt des zwanzigsten Jahrhunderts eine Chiffre für Sinnlichkeit und den »Rückfall in die Sünde«.

Nikolaj Gumiljow (1886–1921)

prägte die russische Literatur des »Silbernen Zeitalters« stark. Ein passionierter Schüler Walerij Brjussows, verabschiedete er sich später vom Symbolismus, um eine eigene Bewegung, den *Akmeismus*, und eine eigene Schule, die »Zeche der Dichter«, zu gründen. Kennzeichnend für den neuen Stil war die Wendung vom rein symbolhaften Weltverständnis zum wirklichen Leben. Aber es handelte sich dabei nicht etwa um einen neuen Realismus, sondern eher um die Beschwörung einer metaphysisch durchtränkten subtilen Gegenständlichkeit. 1910 heiratete Gumiljow die einundzwanzigjährige Anna Achmatowa. Während der fünf Jahre andauernden Phase des Werbens um sie hatte er mehrfach versucht, sich das Leben zu nehmen.

Gumiljow besuchte unter anderem Frankreich, Italien, Konstantinopel, Ägypten und Afrika. Auf eine dieser Reisen bezieht sich das hier vorgestellte Gedicht »Ezbekiya«, das zum Spätwerk des Dichters gehört. »Selbstmörderin« dagegen steht noch ganz im Zeichen der symbolistischen Décadence.

Gumiljow verfasste Gedichte, Poeme, Erzählungen, Essays und Versdramen. Daneben betätigte er sich als begnadeter Übersetzer und übertrug Werke von Charles Baudelaire, Théophile Gautier, Oscar Wilde und anderen ins Russische. Gleichzeitig engagierte er sich als Poesie-Lehrer. Durch seine Schule gingen zahlreiche junge Dichter.

Nach der Revolution setzte Gumiljow seine rege literarische Arbeit fort. 1921 wurde er wegen der angeblichen Beteiligung an einer konterrevolutionären Verschwörung verhaftet und erschossen und sein Name daraufhin aus der sowjetischen Literaturgeschichte getilgt.

Selbstmörderin

Lächelte, erahnte quasi,
daß die Leiden gleich zu Ende,
und zum letzten Mal besah sie
sich den Teppich und die Wände.

Ließ ein rotes Bällchen fallen
in den Wein und gab den Lippen,
diesen launischen Korallen,
vom verzierten Kelch zu nippen.

Und mit Totenblässe wurden
überzogen ihre Wangen,
und der Leib hat im absurden
Tanz zu zucken angefangen.

Fremde Melodien beginnen
in der Ferne zu erklingen,
unsichtbare Perlen rinnen
ihr durch die verkrampften Finger.

Und sie flattert immer schwächer,
fast wie eine wunde Taube.
Und vergiftet strahlt im Becher
lichterloh der Saft der Traube.

(1907)

Ezbekiya

Wie sonderbar: Zehn Jahre ist es her,
seit meine Augen sahen Ezbekiya –
in Kairo jenen Garten, der, erhaben
vom Mond bestrahlt, des Abends mir erschienen.

Durch eine Frau war damals ich zermartert,
doch hat der frische Salzgeruch des Meeres
wie das Gelärm mediterraner Märkte
mir nicht gebracht den heißersehnten Trost.
Ich bat den Herrn, er soll mich sterben lassen
und hätte selbst mein Leben abgekürzt.

Doch dieser Garten ähnelte in allem
den heiligen Hainen der noch jungen Erde:
Die Palmen streckten ihre schlanken Arme,
wie Mädchen, wenn sie einem Gott begegnen;
am Hügel standen mächtige Platanen,
wie würdevolle priesterliche Scharen,
und eine weiße schimmernde Kaskade
erhob sich in der Nacht, dem Einhorn gleich;
im Dunkeln aber flogen Schmetterlinge
zwischen den Blumen, die so hochgewachsen,
oder den Sternen, die so niedrig hingen,
erinnernd an den reifen Sauerdorn.

Ich rief: »Das Sein ist höher als die Trauer
und tiefer als der Tod! Vernimm, oh Herr,
den Eid, den ich hier schwöre: Was auch immer
geschehen mag an Trübsal oder Schande,
was auch das Schicksal uns beschert, nicht eher
bereit ich mir den allzu leichten Tod,

als daß ich in der mondnen Nacht, wie heute,
betreten will den Garten Ezbekiya.«

Wie sonderbar: Zehn Jahre ist es her,
doch denk ich stets an Palmen und Platanen
und an die weiße schimmernde Kaskade,
die sich, dem Einhorn gleich, im Dunkeln hob.
Und plötzlich sehe ich mich um und lausche
im Windgeheul, im Schall der fernen Rede
und in der ungeheuren nächtigen Stille
dem rätselhaft geraunten »Ezbekiya«.

Ja, nur zehn Jahre, doch, ein trister Wandrer,
muß ich verreisen, meine Blicke lenken
auf Meere, Wolken, fremde Menschenmienen,
all das, wofür ich längst nichts mehr empfinde,
in jenen Garten treten, um den Eid
zu wiederholen oder um zu sagen,
er sei erfüllt, und ich befreit ...

(1918)

Wassilij Komarowski (1881–1914)

gleicht in allem einer Gestalt aus dekadenten Romanen, einem Des Esseintes oder Usher: blaublütig, an einer mysteriösen Krankheit leidend, exzentrisch, hypersensibel. Als Meister des Sonetts beeinflusste der junge Graf Anna Achmatowa und Ossip Mandelstam. Auch mit Nikolaj Gumiljow war er befreundet. Während seines ganzen Lebens verließ er das Residenzstädtchen Zarskoje Selo nur selten. Schon eine Straße zu überqueren bedeutete für ihn unermessliches Leiden. Im Geiste reiste er umso mehr, zum Beispiel nach Italien, wie seine Gedichte belegen. »Einige Male wurde ich verrückt und glaubte jedes Mal, ich sei gestorben; wenn ich gestorben bin, werde ich vermutlich glauben, ich sei verrückt geworden«, pflegte er zu sagen. Mehrere Monate im Jahr verbrachte Komarowski wegen seiner Tobsuchtsanfälle in einer Nervenheilanstalt. Dort starb er auch. Die genauen Umstände seines Todes liegen jedoch im Dunkeln: Nach einer Version beging er Selbstmord, nach einer anderen fiel er tot um, nachdem er in der Zeitung die Nachricht vom Beginn des Ersten Weltkrieges gelesen hatte …

Sulla, Tiberius – Gesichter hart und zinnern,
die mich an düstere Verirrungen erinnern.
Resede letzter Frist tut ihren letzten Hauch.
In alle Gärten tritt ein herbstlich schwüler Rauch,
und es verdunkeln sich die goldnen Oberflächen.
Vom ängstlichen Geschrei der schwarzen Schwäne brechen
die zarten Eisschichten am grauen Ufersaum,
darunter zittert schon ein violetter Schaum.
Doch mitten auf dem Teich erblicke ich ein Eiland:
Dort fliegen Harpyen zusammen, schwingen eilend
die Fittiche. – Entfliehn, solange ich noch kann?
....
Die fliederfarbne Nacht hält mich in ihrem Bann.

(1912)

Für den Entkräfteten »so leicht« zu sagen,
daß ihn ein Vages nicht in Frieden läßt.
Die schwüle Mattigkeit an Julitagen
bewegt die braunen Blätter im Geäst.

Am Lauf der Jahre nimmt die Seele Schaden.
Es gleiten jeden welkenden Moment
vorbei an all den Wipfeln weiße Schwaden
über das violette Firmament.

Noch kann ich zwar in mir die Hoffnung hegen,
ein zärtlich kühles Lächeln strahlt mich an,
die ahnungslosen Sinne zu erregen,
noch kann ich zu mir sagen: »Irgendwann«.

Allein von Wolken, diesen Silberherden,
die uns bei ihrem unbeschwerten Flug
mit Wirbelstürmen, Blitz und Schnee gefährden,
von ihnen habe ich, weiß Gott, genug.

(1912)

Ossip Mandelstam (1891–1938)

vertrat in seinem ersten – akmeistischen – Buch »Der Stein«
(1913) eine positive, lebensbejahende Sichtweise. »Liebt die
Existenz einer Sache mehr als die Sache selbst und euer Da-
sein mehr als euch selbst«, verkündete er in einem poetolo-
gischen Essay. Dennoch findet sich an anderer Stelle der Satz:
»Ich glaube, der Tod eines Künstlers sollte nicht von der Kette
seiner schöpferischen Errungenschaften losgelöst, sondern
als ihr letztes, abschließendes Glied betrachtet werden.«
Schließlich trat auch in Mandelstams Leben etwas Bedroh-
liches: Das 1918 verfasste Gedicht »Das Telephon« handelt von
einem mysteriösen Selbstmordversuch.

In den dreißiger Jahren wuchs mit dem Stalin-Terror auch
die Lebensangst unter den Intellektuellen. Nach einem Zeug-
nis Anna Achmatowas sagte Mandelstam im Februar 1934 zu
ihr: »Ich bin zum Tode bereit.« Im Mai desselben Jahres
wurde er verhaftet und nach Tscherdin verbannt. Die Frau
des Dichters, Nadeschda Mandelstam, beschreibt in ihren
Erinnerungen seinen verzweifelten Versuch, sich dort das
Leben zu nehmen: Er sprang aus dem ersten Stock eines Hau-
ses, brach sich dabei aber lediglich einen Arm.

1937 wurde er freigelassen, ein Jahr später jedoch erneut
verhaftet. Er starb 1938 in einem Lager in der Nähe von Wla-
diwostok.

Das Telephon

Auf dieser Welt (hier waltet Böses!)
liebst du die Trauerprozession,
des Suiziden seriöses
Büro – mit seinem Telephon!

Die schwarzen asphaltierten Seen
zerstampft von Hufen, und im Wahn
wird gar zu bald mit seinem Krähen
die Sonne würdigen der Hahn.

Walhalla-Eiche, ein solides
Gelage – träumtest du davon?
Das Schicksal wollts, die Nacht entschied es,
schon wachte auf das Telephon.

Der schweren Vorhänge erstickungsvolles Baumeln,
ein Theaterplatz getaucht in Finsternis.
Da klingelt's – und die Sphären taumeln:
Der Suizid ist nun gewiß.

Wohin aus diesem Leben hasten,
der steinig dumpfen Wüstenei?
Sei still, du gottverdammter Kasten!
Am Meeresgrunde blüht: Verzeih!

Man ist nur stimmlich zum soliden
Gelage vogelhaft entflohn.
Ein Morgenrot des Suiziden
und Rettenden: das Telephon!

(1918)

Alexej Losina-Losinski (Alexej Ljubitsch-Jarmolowitsch-Losina-Losinski, 1886–1916)

schrieb unter dem Pseudonym J. Ljubjar Gedichte und Erzählungen, die unter anderem das Interesse von Nikolaj Gumiljow und Anna Achmatowa weckten. Sie waren charakterisiert durch stilistische Schärfe und seltsame fantastische Auswüchse. Mit achtzehn Jahren verlor Losina-Losinski bei einem Jagdunfall ein Bein. Er litt an Depressionen und Ängsten. Zweimal unternahm er in kritischen Krankheitszuständen Selbstmordversuche. Beim dritten Mal handelte er genau nach seiner zuvor verfassten Novelle »Melancholie«: Über einem offenen Gedichtband Verlaines nahm er eine tödliche Dosis Morphium ein und notierte bis zum letzten Atemzug seine Empfindungen. Dieses merkwürdige Protokoll endet mit den Worten: »Der Wahnsinn gibt mir Leben. Die Füße werden kalt. Um nicht verrückt zu werden, schreibe ich. Die Hände werden schwach. Ich sterbe. Schweig. Jetzt weiß ich, dass ich nicht begraben werde. Begraben, aber nicht bestattet. Ich bin ein Feinschmecker, ich bin ein Tintenfisch! Ich liebe meinen Wahnsinn. Ich lache in die finstre Dunkelheit hinein – ha-ha-ha! Ich schäme mich nicht. Ich reiche allen meinen Wahnsinn dar: ganz offen! In die Zeitung damit! (Die Hände werden kalt.)«

Es ist so still … Es dämmert schwach …
Die Nacht hat deutlich abgenommen …
Man sieht nur manches feuchte Dach
durch Fensterscheiben, die verschwommen.

Allein. Kein Knarren hinter mir,
es kommt kein Seidenkleid gekrochen …
Wo ist sie heute? Wer hat ihr
seine Umarmungen versprochen?

Ist sie im Spleen? Das könnte sein …
Sie suchte doch ein Ziel im Leben,
dem ganzen etwas Sinn zu leihn …
Hat sie die Suche aufgegeben?

Vielleicht hat jemand ihr die Tür
zur *Lösung* des Problems verraten …
Ich selber wüßte gern, wofür
wir sonst auf diese Welt geraten.

Du sollst ihr sagen, Morgenrot,
der launischsten von allen:
Es ist wie einst: Ich bin in Not
und sehne mich nach Krallen!

(1912)

Verschlossen im Quadrat, in seinen öden Ecken,
ein Schweißgebadeter, der blind ins Finstre starrt,
ein langer, toter Leib, gehüllt in weiße Decken,
mit lastendem Gehirn, erhaben, stumpf und hart,
bin ich ein Pharao zur Nacht der Heilgen Schrecken.

Ich prüfe diese Welt. Wenn ich im Fieber liege,
ahn ich genießerisch in Ruh und Dunkelheit
des Denkens langsame und rabenschwarze Wiege:
Sie schaukelt galgengleich die gottgewollten Siege
und das Entsetzliche, vor dem die Seele schreit.

Da offenbart sich mir, dem Ewigen und Kalten:
Alles Errichtete errichten wir auf Sand.
Und will ein Sterblicher Mysterien verwalten,
so darbt er elendig in zufälligen Spalten
mit wächsernem Gesicht und lächelt angespannt.

(1915)

Ja, das mag schon sein, daß Sie es nicht bemerken,
doch es gibt verschiedne Stillen in der Welt:
beispielsweise eine Stille, ders gefällt,
sich in Stein oder in Schleiern zu verbergen,
eine, die sich gern der Trauer beigesellt.

Ewig hab ich sie, nur sie allein vermißt:
eine Stille, die komplex und riesig ist.
Suchte sie in alten taubgewordnen Wänden,
in den Lampen mit den dunkelgrünen Blenden
und am Himmel, der erhaben, trüb und trist ...

Da ich seit der Jugend keine Liebe kenne
und in Einsamkeiten darbe unentwegt,
da ich auf der Erde alles eitel nenne,
hab ich eine Stillen-Sammlung angelegt,
und mein Werk ist stumm und von Gefahr geprägt.

Worte deuten auf das formenreichste Schweigen.
Den geneigten Lesern sind womöglich schon
selbst unzählige der Träumerein zu eigen.
Träumerein sind auch in meiner Kollektion:
Augen, Abenddämmerungen, Lichterreigen.

(1916)

Michail Senkewitsch (1886–1973)

hat offenbar durch puren Zufall den Stalin-Terror überstanden, denn er war einer von den fünf »echten« Akmeisten, gehörte also einer Bewegung an, die von Nikolaj Gumiljow (ab 1921 Staatsfeind) gegründet worden war und aus der, außer ihm, nur noch Anna Achmatowa überleben sollte.

Achmatowa war mit Senkewitsch schicksalhaft verbunden: 1912 erschienen die Erstlingswerke der beiden Dichter (Achmatowas »Abend« und Senkewitschs »Wilder Purpur«) gleichzeitig im selben Verlag und wurden auch gemeinsam gefeiert.

Bereits im »Wilden Purpur« schlägt Senkewitsch radikal pessimistische Töne an. Das Dasein erscheint hier stets als untergangsgeweiht und – bis auf seine rein physische Form – unerträglich. Alles Geistige, so der Band, muss zu Leid führen. Die tiefe Verzweiflung und die Bereitwilligkeit, das Leben zu verlassen, steigern sich von Gedicht zu Gedicht und finden ihren Höhepunkt im »Finsteren Gott«, dem Schlussgedicht des Bandes.

1918 verfasste Senkewitsch wenige, dafür aber sehr intensive Liebesgedichte, in denen die Selbstmordthematik immer deutlicher hervortrat. Um 1921 begann er die Arbeit an dem Memoirenroman »Die Bauernsphinx«, in dem unter dem Namen Elga auch Achmatowa auftritt und zu einem grausamen, mit den Geschicken der Männer spielenden Wesen stilisiert wird. Elga nennt den Autor *a man without aim and hope* und bezeichnet sich selbst als eben jene zerstörerische Kraft in seinem Leben, die er im »Finsteren Gott« beschrieben hatte.

Senkewitsch trat von da an bis zu seinem Tod vornehmlich als kongenialer Übersetzer hervor. Das Interesse an seiner eigenen Lyrik nahm nach der Perestrojka deutlich zu.

Die Heimsuchung

Durch einen weiten Tanzsaal schritt sie quer
und schimmerte im Glanze der Kometen.
Es schien so kümmerlich und so vulgär
der Schwarm von Männern, welche um sie wehten.
Wie wollte man da rufen: »Lasse ab,
Heimsuchung, die im Spiel der Augenblicke
der Marmorgöttin einen Körper gab
mit menschlichem, vergänglichen Geschicke!«
Aus einem Winkel hat er sie verfolgt,
zerstreut den Worten einer Andren lauschend,
indessen wurde sein Gesicht umwölkt
von einem unsichtbaren Wetterrauschen.
Da trat die fremde Leidenschaft mir nah',
wie wenn ein Grabeshauch die Seele träfe;
mir war, als ob ich dunkel leuchten sah
einen Pistolenlauf an seiner Schläfe.

(1918)

Da folgte ich der goldverzierten Bahre
und dachte traurig an den armen Tropf:
Als Schwärmer lebt' er seine dreißig Jahre
und schoß sich eine Kugel in den Kopf!
Verweint die runzeligen Lider, fuhr
die Mutter in der Kutsche zu dem kühlen
und fernen Grab, wo ein paar Freunde nur
erschienen, um den Schneematsch aufzuwühlen ...
Durch Gaze nieselten die teilnahmslosen
silbernen Flocken auf das Angesicht
des Toten. Prächtig glühten rote Rosen,
als schmerze sie der finstre Nordwind nicht.
Und jene, die am Sarg versprenkelt hat
all diese großen scharlachfarbnen Blüten,
von ihrer eignen schweren Schönheit matt,
zog mit den Vogelscharen hin gen Süden.

(1918)

Finsterer Gott

Finsterer Gott in dem farbigen Ganzen,
schaffender Geist, der sich selber nicht kennt,
treib ich durch breiige Äthersubstanzen,
während mein Wille sich spaltet und trennt.

Feurige, klebrige Masse des Hirnes
unter dem Schädelbein weit aufgetan,
heul ich mit Sonnen der kreisenden Wirrnis,
brüll ich, beengt von der lichtlosen Bahn.

Einfühlsam hegt meine glasige Seele
Träume im nebligen Ur-Aggregat.
Unter der Kruste pulsiert es, als schwele
darin ein Wirbel erglühender Saat.

Und für die ewigen Kreuzigungsqualen
such ich dann brünstig und zuversichtslos,
Körper zu geben den farbigen Strahlen
in der Planeten jungfräulichem Schoß,

öffne den leuchtenden Schweif! Da verscheuchen
mich die Gewalten des Bösen, und stets
stürz ich heraus aus den dunkelen Bäuchen,
rötlicher Bastard des Schlangenkomets.

(1912)

Wladimir Narbut (1888–1938?)

gehörte zusammen mit seinem engen Freund Michail Senke-
witsch gleichsam zum »negativen« Pol des Akmeismus. Wie
die anderen vier Mitglieder dieses Zirkels besang auch er das
wirkliche und nicht bloß das *poetisch verklärte* Leben, aber er
tat es auf seine Weise: Der 1912 erschienene Band »Halleluja«
wurde in der Druckerei der Petersburger Priesterschule in kir-
chenslawischen Lettern gesetzt und enthielt derart antiästhe-
tische und schockierende Gedichte, dass die gesamte Auflage
sofort aus dem Verkehr gezogen werden musste. Nikolaj Gu-
miljow prophezeite dem Dichter eine große Zukunft.

Nach der Oktoberrevolution wurde Narbut, ehemals ein
Sozialrevolutionär, zum Bolschewiken. Bei einem politisch
motivierten Anschlag auf sein Haus 1918 wurde ein Bruder
von ihm getötet. Er selbst verlor seine linke Hand. Danach
arbeitete er für die Telegraphenagentur ROSTA und für Zei-
tungen. 1920 erschien sein Buch »Fleisch«, dem auch das hier
vorgestellte Gedicht »Der Selbstmörder« entstammt. Immer
deutlicher wurden in seinen Texten futuristisch experimen-
telle Töne hörbar. Aber nach 1922 sind keine neuen Bände des
Dichters mehr erschienen, was Senkewitsch zu der Strophe
veranlasste: »Ich werde Selbstmord begehen, wenn ich / auch
nur für einen Augenblick daran glaube, dass man dich / so ver-
lassen kann, Dichtung, / wie es Narbut und Rimbaud taten.«
Tatsächlich aber hatte Narbut zu diesem Zeitpunkt bereits
einen neuen, leider nie erschienenen Gedichtband mit dem
Titel »Der hingerichtete Seraph« zusammengestellt.

1936 wurde Narbut im Zuge des Stalin'schen Terrors ver-
haftet und teilte so das Schicksal seines Freundes und akmeis-
tischen Mitstreiters Ossip Mandelstam. Er starb in einem
Arbeitslager. Das offizielle, von seinen Angehörigen jedoch
angezweifelte Datum ist 1944.

Der Selbstmörder

> In welche Stürme der Empfindung
> ist nun sein ganzes Herz getaucht!
>
> *Alexander Puschkin*

Sich zu erschießen? – Kein Problem! – Ich glaube,
da reicht es abzudrücken, und es kracht.
Dann steckt die Kugel als geschwollne Traube
zwischen den Wirbeln, die dazu erdacht,
das Schulterblatt zu stützen (für die Tracht).
Und dann? – Dann tut man mich
so wie ich lag
in einen Sarg, und der wird hoch getragen,
dann hämmert man mit abgehacktem Schlag
den Deckel dran, daß ich in feuchten Lagen
der Erde warte auf den jüngsten Tag.
Sie merken's nicht, wenn mir die Nagelenden
das müde Fleisch zerlöchern, denn es währt
nicht lang, da ranken in den Schädelwänden
die Reben des Gewürms, und aufgezehrt
werden die Gaben, die der Herr beschert.
Ich Heide glaube an das Radium,
nur nicht an Gott und seine Engelheere!
Soll durch den Schlummer dringen das Gesumm?
Wenn ich als violette Masse gäre,
und Käfer kauen hart an mir herum?
Und kommt ein Arzt und schlitzt mir auf den Bauch,
um kaffeebraune Sülze zu entdecken
(der alte Rabe!), will ich (oder auch
nicht ich!) so ganz spontan aus meinem Becken
entpressen der Gedärme Brezel-Schlauch.
Dann wird Gestank in seine Nase steigen,
der ihm den Atem zur Spirale dreht,
bevor mein Äskulap über die breiigen

paar Zähne mit geschliffenem Gerät
und größter Vorsicht einmal drübergeht.
Und wieder tut man mich (doch diesmal tut
man mich als Aas) zurück, und eine graue
und brombeerfarbne, schwabbelige Flut
entströmt mir. Ein zerrißner Zaum die Braue ...
Die Kränkung aber
weggewischt vom Blut.
Du weinst um ihn und denkst wohl, ich (ich!) schiebe
den Lauf mir in den Mund mit einem Ruck?
... Du bist unwiederbringlich, meine Liebe!
Die Uhr bestimmt den Lebenssinn: »Kuckuck!«,
der Abzug wartet auf den Fingerdruck ...

(1914/1920)

Konstantin Waginow (1899–1934)

ist nicht nur in seiner Lyrik ein seltsamer Wanderer zwischen den Welten. Auch im Leben finden sich Berührungspunkte zwischen auf den ersten Blick unvereinbaren literarischen Strömungen und Dichtern. Ein Freund des futuristischen Exegeten Kornej Tschukowski, ein Schüler des Akmeisten Nikolaj Gumiljows, ein Mitstreiter der beginnenden Oberiuten Daniil Charms und Nikolaj Sabolozkij.

»Ein Dichter ist geboren!«, rief Ossip Mandelstam um ein Uhr nachts Boris Eichenbaum an, »Konstantin Waginow!« Auch das war kein Zufall, schließlich verfolgte Waginow in seinen Gedichten eine ähnliche »Hellenisierung der Welt« wie Mandelstam. Stets suchte er nach Beziehungen zwischen dem Hier und Heute und dem Irgendwann und Irgendwo … Wie der Protagonist seines Romans »Bocksgesang« versuchte er, »sich an die Unbeständigkeit allen Seins zu gewöhnen, an die Idee des Todes, an das Versetztwerden in andere Länder und Völker«. So ist seine Dichtung durchtränkt von einer merkwürdigen Todesahnung. »Seine Phantasmagorie der Welt zieht an den Augen vorbei, wie in Nebel und Geflimmer gehüllt«, heißt es über ihn im Manifest der Gruppe OBERIU (Vereinigung für reale Kunst).

Mitte der zwanziger Jahre erkrankte Waginow an Tuberkulose, die Anfang der dreißiger Jahre in der Sowjetunion deutlich zunahm. Er starb in seiner Heimatstadt Leningrad an den Folgen der Krankheit.

Den Mond, das Auge, sah man bluten
im Dunkeln: eine Kugel von Gestalt.
Die Luft erzitterte, als ob da Kühe muhten,
und voller Wolfsgeheule war der Wald.

Ein alter, grüner Narr mit krummem Buckel
entfloh aus den Gemächern an den Fluß,
ließ seinen nackten Äffchenkörper zucken
und hob die Faust zum Himmel in Verdruß.

Und oben, bei verweinten Engelscharen,
erklang der Kappe goldenes Geläut,
und Gott, der riesengroße, unsichtbare,
hat sich am Spiel des kranken Wurms erfreut.

Es fiel der Narr. Da grämten sich die Engel,
da beteten die Engel zu dem Gaukler auf dem Thron,
indessen er im goldenen Gesprenkel
bloß kicherte mit grellem Glockenton.

Jahrhunderte durchzogen ihre Orben,
dann lebten Jünglinge mit Trauer statt des Blicks
und Äffchenseelen an dem Flusse, der gestorben.
Vom Gaukler redet man seitdem und seinen Tricks.

(Anfang der zwanziger Jahre)

Ich seifte ein das Herz – sein Leid zu lindern
Küßte das Fenster fiel als Toter hin
Es reift das Hohelied in meinen Händen
Das von der Traubenbräune singt.

Im schwarzen Ceylon sind noch Perlen zu bekommen
Es schimmern bernsteingelb Tahitis junge Fraun
Doch draußen heult der Wind und rührt die Werbetrommel
Ertränkt euch in den Morgengraun

Die Nachbarn machen Licht ob sie am Ende
Nicht glauben an der blauen Tage Tod?
Doch leckt mein Freund nervös die Hände
Und lauscht dem Garten der in Dunkelheit verloht.

(Anfang der zwanziger Jahre)

Die Sterne umgestülpt, die Himmel sacken
in sich zusammen, und ein Wirbelsturm
benetzt die Augen mir, ich lauf zum Acker,
ein schwarzes Schaf, hier stand der Bahnhofsturm.

Zur Leier fügen sich die Zweige,
mir zuckt die Schnute, und ich schwind
in Nacht. Aus meinem Garten steigen
die letzten Töne mit dem Wind.

(Anfang der zwanziger Jahre)

Meine Finger sind tote Länder
Meine Hand ist ein Trauermeer
Liebe ich deshalb deine Hände
So sehr?

(Anfang der zwanziger Jahre)

Rjurik Iwnew (Michail Kowaljow, 1891–1981)

nannte seinen 1917 erschienenen Band »Selbstverbrennung«, womit er den pessimistischen, suiziden Tenor seiner Gedichte äußerst treffend charakterisierte. Zu jenem Zeitpunkt besaß er bereits einen Namen in verschiedenen St. Petersburger Lyrikkreisen. Dabei hatte ihm Alexander Blok einige Jahre zuvor die Empfehlung ausgesprochen, auf keinen Fall zu publizieren, da seine Themen immer als »veraltet« gelten würden. Iwnew befolgte diesen Ratschlag nicht und beteiligte sich an diversen Almanachen, insbesondere denen der Ego-Futuristen. Eine tiefe Freundschaft verband den Dichter mit Sergej Jessenin, dem er die Wege in die Literaturwelt zu ebnen half. Nach einem Zeugnis von Ossip Mandelstam war es Iwnew, den Wladimir Majakowski in seinem Poem »Wölkchen in Hosen« polemisch als mittelmäßigen Salondichter und »Wachtel« beschrieb.

Dennoch gehörte Iwnew nach der Revolution aberwitzigerweise zusammen mit Blok und Majakowski zu den einzigen drei Dichtern, die der Einladung Anatolij Lunatscharskis folgten, mit der Sowjetmacht zusammenzuarbeiten. Er wurde zum persönlichen Sekretär des Volkskommissars. 1920 trat er der Moskauer Gruppe der Imaginisten bei und veröffentlichte in ihrem Verlag (»Imaginisten«). Von den dreißiger Jahren an und bis zu seinem Tode galt Iwnew als etablierter sowjetischer Dichter.

Der Wind war ekelhaft. Mich übermannten
seltsame Ängste jedenfalls …
Ich trug einen gut gefütterten Mantel
und ein leichtes Seidentuch um den Hals.

Wenn ich über die Brüstung schaute,
warf die Newa mir Nadeln ins Gesicht,
dabei nannte sie mich ihren trauten
Poeten, der in herrlichen Versen spricht.

Ich war ein wenig verwirrt. Das Wetter
klagte, tobte, schrie allerhand.
Die Flut schleuderte faule Bretter
ans Ufer, wo ich stand.

Und als ich dann nachts nach Hause gegangen,
wurde die Wahrheit mir kund:
Nichts als Schäume sind alle Gedanken,
das Wichtigste ist der Grund.

(1913)

für S. Jessenin

Ein leiser Tag. Wir segelten umnachtet.
Wie fremd ist mir die Gegend. In Rjasan
hab ich das Kreuz zum letzten Mal betrachtet,
und seitdem sehe ich das Kreuz nicht an.
Die Kehle drosselt eines Traumes Schwere,
es lastet auf der Brust ein Felsenmeer.
Als ob der Nacht erdrückend weite Sphäre
ganz über mich gebreitet wär'.

(1920)

Alexander Kussikow (Alexander Kussikjan, 1896–1977)

spielte, trotz seiner armenischen Abstammung, die Rolle eines muslimischen Tscherkessen: Er trug eine hohe Fellmütze, einen Krummsäbel, Gebetsperlen aus Bernstein und eine weite Reiterhose. Selbst seine Freunde aus der Imaginistengruppe hätten nie vermutet, dass sich hinter seinem Auftreten nur eine geschickte Mystifikation verbirgt. Auch Kussikows Gedichte strotzten vor orientalischer Blumigkeit und Leidenschaftlichkeit bis hin zur Selbstzerstörung.

Anfang der zwanziger Jahre nahm Kussikow regen Anteil am Imaginismus und an der jungen sowjetischen Literatur und wurde zum Stellvertretenden Vorsitzenden der Allrussischen Dichterunion ernannt (den Vorsitz hatte kein Geringerer als Walerij Brjussow inne). In dieser Zeit veröffentlichte er zahllose Poeme und Gedichtbände und reiste oft zu Lesungen nach Berlin und Paris.

Obwohl er in den Emigrantenkreisen wegen seiner prosowjetischen Haltung »Tschekist« genannt wurde, ließ er sich ab 1924 in Paris nieder. Sein ehemals avantgardistischer Ton machte immer mehr einem seichten Romanzenstil Platz. Um 1930 brach er schließlich mit der Literatur.

Selbstverbrennung

Die Trauer einer Aberkennung
zieh ich durchstochnen Versen vor:
Es ist die heilge Selbstverbrennung,
wenn in der Schwäche ich verschmor.

(1922)

Sturmvogel

Zu Sternensplittern ist die Nacht zersprengt,
mit müdem Golde gähnt der Mond. Es dämmert.
Ach wäre doch das Leben aufgehängt
am diamantnen Stift, ins Morgenrot gehämmert.

Zur Andacht, in die Sonnenbuchten, bringt
der Tag mit eignen Händen mir Zerknirschen.
Ich, der in Schlachten seinen Säbel schwingt,
erfuhr die Trübsal eines wunden Hirschen.

(1922)

Sergej Jessenin (1895–1925)

betrat die Petersburger Literatursalons zum ersten Mal in Bastschuhen und sang seine Gedichte zu Harmonika- und Balalaikaklängen. »Was soll das sein? Reklame?«, fragte ihn damals Wladimir Majakowski. Natürlich war das Reklame, aber auch der Einfluss von Nikolaj Kljujew, jenem genialischen Bauerndichter, der sich als Agent zwischen der Intelligenz und den mystischen Sekten Russlands verstand. Der hatte den jungen Poeten schnell unter seine Fittiche gebracht und ihn schwören lassen, von nichts anderem als vom Dorf zu schreiben. Erst die Revolution trieb die beiden für immer auseinander. Im Zylinder und Glacéhandschuhen übernahm Jessenin (nunmehr ein *Imaginist*!) das Erbe des Futurismus, und zwar ohne es selbst zu merken. Mit seinen neuen Freunden Wadim Scherschenewitsch, Anatolij Marienhof, Rjurik Iwnew, Alexander Kussikow wurde er in den Jahren der allgemeinen Not zum Bürgerschreck. Gemeinsam inszenierten sie eine Art *Feier zu Zeiten der Pest*. Als Ehemann der großen Isedora Duncan besuchte er nun diverse Metropolen der Welt. Seine Dichtung wurde zu einem atemberaubenden Spagat zwischen dem Rustikalen und dem Großstädtischen, einem Spagat, der allmählich Risse im Gemüt zu hinterlassen begann. Auch verlangte die neue Aufmachung nach neuen Reklametricks: »Ich bin ein *Rowdy*!«, lautete von nun an die Parole. Mit allen Mitteln versuchte der Dichter, den Ruf des Skandalösen um seine Person zu festigen: Wodka, Frauen, nächtliche Gelage, Schlägereien, Ausnüchterungsanstalten … Was davon Realität und was Stilisierung war, ließ sich schon damals nicht mit Sicherheit sagen.

Manche Gedichte Jessenins zeugen von schwachem Epigonentum, andere sind Gebilde von höchster sprachlicher Vollendung. Volkslied, seichte Zigeunerschnulze, futuristische Wortballung, imaginistische Rebellion, Puschkin'sche

Schlichtheit – all das fand Platz in seiner Lyrik, in einem bunten Neben- und Durcheinander.

Nach dem Selbstmord des Dichters (er erhängte sich im Dezember 1925 an der Rohrleitung im Leningrader Hotel »Angleterre«) wurde sein Abschiedsgedicht bekannt, das er einen Tag zuvor verfasst hatte. Er hatte es seinen Freunden mit der Bemerkung überreicht, er habe sich den Arm aufgeschnitten und die Verse mit Blut geschrieben, da sich im Hotel keine Tinte auftreiben ließ. Laut Majakowski verwandelte dieses Gedicht den Selbstmord Jessenins aus einem rein biografischen in ein literarisches Phänomen und zog weitere Lebensmüde mit in den Tod, so auch seine Freundin Galina Benislawskaja, die sich ein Jahr später an seinem Grab erschoss.

Abschied nehmen, laß uns Abschied nehmen!
Doch du, Liebes, bleibst in meiner Brust:
Wenn wir heute auseinander kämen,
wäre es kein ewiger Verlust.

Laß uns Abschied nehmen – ohne Grußgebärde.
Mache kein so trauriges Gesicht:
Sterben ist nicht neu auf dieser Erde,
und auch Leben ist das Neueste nicht.

(1925)

Anatolij Marienhof (1897–1962)

war der einzige »echte« Imaginist, ist also zu dieser Bewegung nicht wie andere auf Umwegen über den Symbolismus, den Futurismus oder die Bauerndichtung gestoßen ist. Der 1918 gegründete Imaginismus lebte vom Skandal. Aktionen wie das inoffizielle Umbenennen alter Moskauer Straßen in »Marienhof-Straße«, »Jessenin-Straße« und »Scherschenewitsch-Straße« waren an der Tagesordnung. Die zynische Grundhaltung und der gespielte Hedonismus vor dem Hintergrund der allgemeinen Armut sorgten für Polemik und Entrüstung.

Marienhofs Bekanntschaft mit Sergej Jessenin wurde bald zu einer innigen Freundschaft. 1919 zogen die beiden Dichter zusammen und waren von da an unzertrennlich, sie traten gemeinsam auf und widmeten sich gegenseitig ihre Gedichte. In den Versen Jessenins aus dieser Zeit ist der Einfluss Marienhofs deutlich. 1923 kam es schließlich zur Trennung, an der offenbar die Schwester Jessenins, Jekaterina, Schuld hatte. Dennoch wurde der Selbstmord Jessenins 1925 von den Kritikern unberechtigterweise als Resultat dieser »schädlichen« Freundschaft gesehen. »Mit dem Tode Jessenins endete für mich der erste Abschnitt meines literarischen Lebens«, schreibt Marienhof in seiner Autobiografie.

Ende der zwanziger Jahre musste er sich immer häufiger gegen öffentliche Angriffe verteidigen, die insbesondere seinem im Ausland erschienenen Roman »Die Zyniker« galten. Wie sein Mitstreiter Wadim Scherschenewitsch widmete er sich von da an verstärkt dem Theater und dem Drehbuch.

1940 brachte sich der junge und hoch begabte Sohn des Dichters um, da er es nicht für möglich hielt, unter der Stalin-Diktatur zu leben. Diese Tragödie hat Marienhof bis zu seinem Tod nicht verkraften können.

Wie eine Träne rollte die Nacht über die Wimpern
des Dachs, entquollen dem riesigen Auge. Verdruß
lief durch die Straßen mit reuevollem Gewimmer,
wieder auferstanden wie Lazarus.
Warf sich an den Hals der Menschen, die scheu
wichen, irgendetwas von Wahnsinn schrien
und ihr Trommelfell, von strömender Furcht überschäumt,
traktierten wie ein dröhnendes Tamburin.

(1917)

An Sergej Jessenin

Wie oft wir beide doch
gerätselt haben,
wer
in verweinten Armen wohl
am letzten Ende tragen soll
die traute Asche hin zum Grabe.

Und so verdrängten wir die Fristen
im besten Glauben,
ich und du
würden die Zeiten überlisten
und kämen einst zur Ruh.

So phantasierend
hätt ich nimmer
vermutet, daß es düster wird.
Doch ist das Leben, Sergej, schlimmer
als eine Schlampe, die um Kerle wirbt.

Der tritt man in die Fresse,
und das wärs.
Beim Leben hilft das nicht, da muß man blechen.
Du hast sie angerotzt mit deinem Vers,
und willst dich
mit dem langen Nachruhm rächen?

Wer hört die Schmeichelei heraus?
Sie kam zu dir in einer Nacht im Winter,
sie täuschte vor,
deine Melancholie zu lindern,
und knotete den Strick ans Leitungsrohr.

Danach
erzählte sie dir heiter,
zu untermauern den Entschluß,
es ginge irgendwo noch weiter
mit all dem irdischen Genuß.

Sergej, mein schöner Ahorn! goldbelaubter!
Dort ist der Tod,
der Wurm,
der Staub.
Sie ist so tückisch, niemand glaubt ihr.
Du hast geglaubt!

Das Sein ist kurz im blauen Windgebraus.
Was also geht man hin und raubt es?
Wolltest du nicht
das welke Blatt des Hauptes
abwerfen vor des Vaters Haus?

Längst wissen Mädels,
Freunde,
Wände:
Der Dichter ist ein Luftikus.
Sein Wort ist Wind.
Und wie der Newa-Fluß
bist du erstarrt am letzten Ende.

Dein Freund? Dein Mütterchen? Dein Schwarm?
(Ich schäme mich: Mein Vers macht schlapp.)
Nun trägt ganz Rußland in verweinten Armen
die traute Asche hin zum Grab.

(1925)

106

Wladimir Majakowski (1893–1930)

ist wie kaum ein anderer ein »Dichter des Suizids«. Ausgerechnet in seinem Werk, das auf den ersten Blick schöpferische Kraft zu zelebrieren scheint, zeigen sich immer wieder Bruchstellen, die auf ein subtiles und verletzliches lyrisches Ich hindeuten. Schon die 1913 verfasste »Tragödie Wladimir Majakowski« erzählt im »Tanz mit den zerlöcherten Bällen« vom Schicksal eines »großen und schmutzigen Mannes«, der an der Liebe scheitert. Und in zahllosen Passagen seines Gesamtœuvres wiederholt Majakowski eben diesen Gedanken auf mehr oder minder dramatische Art. Oft genug wird der Selbstmord als letzte Möglichkeit des Individuums hingestellt, seine Freiheit leben zu können (so auch in dem für die Zeitschrift »Das neue Satyrikon« verfassten Gedicht »Ein wenig über den Dirigenten«). Offenbar dachte der Dichter häufig daran, »den Punkt einer Kugel am eigenen Ende zu setzen.«

Der Selbstmord Sergej Jessenins traf Majakowski gleichsam an der empfindlichsten Stelle. Nur mit Versen meinte er die Wirkung von dessen Abschiedsgedicht kompensieren zu können. Als wollte er sich selbst vor der tödlichen Lockung, die davon ausging, schützen … Auf einer Lesereise versuchte er, eine Entgegnung zu schreiben, empfand aber, wie er im Essay »Wie macht man Verse« gesteht, eine »zu große Ähnlichkeit mit der eigenen Situation. Die gleichen Hotelzimmer, die gleichen Rohrleitungen, die gleiche erzwungene Einsamkeit.« Das in und trotz dieser Situation entstandene Gedicht gehört zu seinen eindrucksvollsten Texten.

Es wirkt wie eine Ironie des Schicksals, dass Majakowski rund fünf Jahre später selbst keinen besseren Ausweg als Jessenin finden konnte. »Das Boot meiner Liebe am Alltag zerschlug«, teilte er in seinem Abschiedsgedicht mit, das zusammen mit anderen zurückgelassenen Fragmenten für ein im Entstehen begriffenes Poem konzipiert war. Kein Wunder, dass der Selbstmord des Dichters bis heute ein Rätsel bleibt. Die nach den Worten Ossip Mandelstams »ozeanische Nachricht« vom Tode Majakowskis bedeutete 1930 das Ende einer Epoche und galt vielen als ein böses Omen für die kommenden Jahre.

Der Tanz mit den zerlöcherten Bällen

Ein großer und schmutziger Mann
hatte zwei Küsse erhalten
und wußte nicht,
wohin mit ihnen,
es fehlte ihm
das Geschick.
In der Stadt
war ein Fest,
Hallelujah die Kirchen hallten,
feierliche Menschen kleideten sich schick.
Unser Mann aber fror,
die Sohlen oval zerlöchert, so fing er
an, die Küsse als Stiefel anzuprobieren,
der größre von ihnen
könnte ihm passen.
Die Kälte war hundsgemein,
packte ihn an den Fingern.
»Wenn das so ist«,
ärgerte sich der Mann
»will ich diese nutzlosen Küsse lassen!«
Tat es.
Doch da
wuchsen dem Kuß zwei Öhrchen,
er wand sich, brüllte
»Mammi«,
begann sich zu regen.
Da erschrak unser Mann,
worauf er das zitternde Würmlein in die Lumpen der Seele hüllte
und es nach Hause trug, blaues Rähmchen darum zu legen.
Lange wühlte er in der staubigen Truhe
(suchte das Rähmchen).
Wandt den Kopf –

und der Kuß liegt breit auf dem Sofa,
ein riesiger,
feister,
erwachsener,
kichernder
Schlingel!
»Mein Gott!«,
weinte der Mann
»ich komme wohl nie zur Ruhe.
Dann schon lieber die Schlinge!«
Und während er da hing,
erbärmlich
und eklig,
wurden in den Schlafgemächern des Weibs,
der Fabrik ohne Schorn und Dampf,
unter fleischigen Hebeln schmatzender Lippen
Millionen
von Küssen
täglich
in verschiedener Größe und Art gestampft.

(1913)

Ein wenig über den Dirigenten

Im Restaurant haben rostrot die Birnen gebrannt.
Sessel: begossen mit Dameneingeweiden.
Als beleidigt der Dirigent kam herausgerannt,
befahl den Musikern: Weinen!

Und dem, der ans Bärtchen in guter Laune
einen leckeren Salm genießerisch trug,
genau in die Fresse gezielt, die Posaune
eine Handvoll kupferner Tränen schlug.

Er schaffte es nicht einmal in seinem Schluckauf,
zu stoßen den Schrei durchs Zahngold,
als ein von Tröten und Tuten zerdrückter Haufen
über ihn springend kam angerollt.

Der Letzte kroch noch soeben zur Türe
und starb – die Wange im Öltopf.
Den Spielern befehlend zu heulen wie Tiere
verlor der Dirigent nun völlig den Kopf!

Dem Bierwanst ins Maul stopfte der Rasende
eine Trompete hinein, wie kupferne Brezel,
blies und lauschte – verdoppelt vom Aufgeblasenen,
ist Weinen im Bauch am Hetzen.

Als am Morgen mit leerem Magen und meckernd
die Rechnung brachte der Koch,
war der Dirigent – bereits bläulich – unter der Decke
am Baumeln. Und blaute noch.

(1915)

An Sergej Jessenin

Sie sind
        hingegangen,
                heißt es wohl.
Leere ...
        Nur ein Flug
                auf Sternenpfaden.
Nix mit Vorschuß
                oder Alkohol.
Fade.
Nein, es ist mir
                bitterernst,
                        Jessenin,
es
    ist Trauer
                und kein Schabernack,
seh ich Sie
                mit aufgeschnittnen Venen
schaukeln
        Ihren eignen
                        Knochensack.
Halt,
    genug!
        Ja, soll der Tod asbesten
Ihre Wangen
        bleichen?
                Sind Sie
                        bei Verstand?
Ach,
    was gaben Sie uns nicht zum Besten,
so, wie es
        kein anderer
                verstand!

Fragen über Fragen
                    stellt
                        der Fassungslose.
Besserwisser murmeln:
                        »Gründe für die Tat
bietet
     seine Bindung,
                    denn sie war zu lose:
Zuviel Wein und Bier
                    im Resultat.
Hätte er sich
            mehr
                der Klasse
                        angenähert,
ließe die Boheme
                ihn gewiß in Ruh.«
So
   als ob die Klasse
                    sich von Milch ernährt!
Auch die Klasse kippt sich gern
                        die Hucke zu.
Hätte einer
            von der »Wache«
                        aufgepaßt,
zeigte
     Ihr Gehalt
                ein anderes Gepräge:
Hundert Verse
            wären
                jeden Tag
                        verfaßt,
wie Doronin –
            unerträglich
                    träge.

Täte man
          dergleichen
                    (mein' ich jedenfalls),
hätten Sie sich längst
                    mit eigner Hand getötet.
Denn versoffen stirbt sich besser
                                   als
angeödet!
Nein,
     die Ursache
               ist nicht zu finden,
nicht im Federmesser,
                    nicht im Strick.
                                   Ich wähne,
gäbe es
     im »Angleterre«
                    genügend Tinte,
bräuchte man
          kein Blut
                    der eignen Vene.
Eine ganze Horde
               brachte sich gar um,
»Zu-ga-be!«
          war ihre
                    Reaktion.
Selbstmordrate
          zu erhöhn?
                    Warum?
Besser
     steigert man
               die Tintenproduktion!
Peinlich
     und erzwungen
               zelebriert Sie

das Gefolge,
aber zwecklos:
Stumm
verbleibt die Zunge,
denn der frohe Zechgeselle,
der beim Volke
in die Lehre ging,
hat
ausgesungen.
Andachtsschrott der Verse
schleppt man nun heran,
was von früherer
Bestattung
übrigblieb.
Stumpfe Reime werden
in das Grab
gerammt.
Ob dem Dichter
solche »Rühmung«
wohl beliebt?
Kein granitverbrämter
Bronze-Prunk.
Während man
Ihr Denkmal
noch vermißt,
treibt
ans Gitter
der Erinnerung
allerhand
an Memoirenmist.
Ins Tüchlein geschneuzt:
»Lieber Sergej!«
Es zersingt und zerflennt
Ihre Werke

Sobinow*

      vor der entlaubten Espe:
»Keinen Schluchzer, kein Wo-o-o-rt,

                    meine Beste.«
Herr von Lohengrin!

          Ach könnte man
ihm die Meinung geigen,

          so von Mann zu Mann!
Könnte man als Rowdy

          einmal donnern:
»Hände weg

      vom Vers,

          du Mummelgreis!«
einmal

    fluchen:

        »Himmelkreuzmadonna!«
und zerpfeifen

        dieses Schleimgeschmeiß!
Soll sich doch zerstreun

          der stümperhafte Haufen,
mit geblähtem Anzug

        fliehn

        auf voller Fahrt,
soll doch Kogan**

      ängstlich

        auseinanderlaufen,
alles

   niederstechend

      mit dem spitzen Bart.
Wir sind

    immer noch

      umringt von Blendern.
Zuviel Arbeit

    und zu wenig Sprit.

Dieses Leben
        gilt es
           zu verändern,
es zu preisen,
          ist der zweite Schritt.
Heute haben Dichter
             kein so leichtes Los.
Aber wißt,
      ihr Krüppel:
           Jemand, der verwegen,
wandelt
     nie und nimmer
           mühelos
auf geraden
      und bequemen
            Wegen!
Denn das Wort
         bewegt
           die menschlichen Geschicke.
Vorwärts!
     Daß
        der Zeit Geschoß
            von hinnen saust!
Ins Vergangene
        dagegen
        schicke
nur ein Büschel Haare, windzerzaust.
Unsre Erde
      kann
        nicht eben viel
           Genuß versprechen.
Wirke,
    und die Zukunft
           gibt ihn
             her.

Es ist leicht,
			am Leben zu zerbrechen,
Leben zu ermöglichen
						ist schwer.

(1926)

* Sobinow, Leonid Witaljewitsch (1872–1934), ein lyrischer Tenor, nahm am 18. Januar 1926 am Jessenin-Gedenkabend im Moskauer Kunsttheater (MChAT) teil.
** Kogan, Pjotr Semjonowitsch (1872–1932), ein Kritiker und Literaturwissenschaftler, gegen den Majakowski oft polemisierte. In seinem Essay »Wie macht man Verse« schreibt Majakowski, dass er im vorliegenden Gedicht den Namen Kogan als Sammelbegriff verwendet.

Fragmente:

Sie liebt? Sie liebt nicht? Ein Händeringen
ich breche mir
                einen nach dem andren
und gebe frei
                die gebrochenen Finger
wie im Mai Kamillen-Girlanden
Seh ich auch manche grauen Haare beim Rasieren und im Kamm
wenn auch der Silberhauf der Jahre
                                donnernd hallt
ich glaube und ich hoffe weder kam
noch kommt zu mir die peinliche Besonnenheit

(um 1930)

Es ist nach eins
                     wahrscheinlich schläfst du schon
Oder bei dir
           ist ähnliches im Gange
Wozu dich wecken oder stören
                            Ich verschon
dich mit Depeschen
              blitzender Gedanken

(um 1930)

der Ozean tritt zurück
der Ozean tritt zur Ruh
Wie man so sagt der Fall ist *erleidigt*
das Boot meiner Liebe am Alltag zerschlug
Wir beide sind quitt
Und hiermit befreie ich dich
von der Frage wer wen betrog und ertrug

(um 1930)

Es ist nach eins wahrscheinlich schläfst du schon
Ich seh die Milchstraße als *Oka* glitzern
Wozu dich wecken oder stören ich verschon
Dich mit Depeschen der Gedankenblitze
wie man so sagt der Fall ist *erleidigt*
das Boot meiner Liebe am Alltag zerschlug
wir beide sind quitt und hiermit befreie ich dich
von der Frage wer wen betrog und ertrug
Nun sieh dir diese tiefe Stille an
Die Nacht verlangt vom Himmel Sternen-Obulus
In solchen Augenblicken redet man
Zu den Epochen und dem ganzen Globus

(um 1930)

Ich weiß um Wortgewalt ich weiß wie Worte stark
Es sind nicht jene denen Logen applaudieren
Bei echten Worten reißt es einen Sarg
zu schreiten feierlich auf seinen hölznen Vieren
Ein Hingeworfenes ein Ungedrucktes kann
Jahrtausende bestehn es eilt behende
die Zäume angespannt und Züge kriechen an
und lecken liebevoll der Dichtung Schwielenhände
Ich weiß um Wortgewalt. Es scheint ein Nichts zu sein
Ein abgefallnes Blatt von Tanzenden zertreten
Doch fühlt der Mensch mit Lippen Mark und Bein

(um 1930)

Marina Zwetajewa (1892–1941)

war die Tochter des Professors und Gründers des Moskauer Museums für Darstellende Kunst, Iwan Zwetajew. Sie wuchs in einer von Literatur und Kultur übersättigten Atmosphäre auf und schrieb Lyrik bereits seit ihrem sechsten Lebensjahr. Obwohl ihre ersten beiden Gedichtbände »Das Abendalbum« (1910) und »Die Zauberlaterne« (1912) die heile Welt des Kinderzimmers zum Gegenstand haben, strebte Zwetajewa schon sehr früh nach Unabhängigkeit und besaß einen unbändigen, impulsiven Charakter: Aus Schwärmerei für Napoleon reiste sie mit sechzehn Jahren allein nach Paris, um Edmond Rostands Drama über den Sohn Napoleons, »L'Aiglon«, mit Sarah Bernard in der Hauptrolle zu sehen. Sie übersetzte die Tragödie ins Russische, verbrannte jedoch die gesamte Übertragung, nachdem sie erfahren hatte, dass eine russische Übersetzung bereits existierte.

Vom Symbolisten Maximilian Woloschin in die Moskauer Literaturwelt eingeführt, war Zwetajewa Anfang der zwanziger Jahre in Russland längst keine Unbekannte mehr. Dennoch verließ sie das Land 1922. Aber im Exil blieb ihr die erhoffte Anerkennung versagt, da sie sich in Opposition zu diversen Emigrantenkreisen stellte. 1939 reiste sie zurück in die Sowjetunion, verfiel aber wegen des um sich greifenden Terrors, ihrer Evakuierung nach Jelabuga und des unerträglichen Elends dort in Depressionen und erhängte sich 1941.

In Zwetajewas Lyrik taucht das Motiv des Selbstmords sehr oft auf. Während der frühe Text »Bin voller Sanftmut ...« noch mit dem Topos der Décadence arbeitet, wird später, wie im Gedicht »Öffnete die Adern ...«, das Suizide zu einem wesentlichen Moment ihrer Poetik. »Auf Deine [Gottes, A. N.] wahnsinnige Welt / gibt es nur eine Antwort: die Absage«, schreibt sie 1939.

Den Tod von Sergej Jessenin und später den von Wladimir Majakowski empfand Zwetajewa als eine Herausforderung: Einerseits erblickte sie im Schicksal der beiden Parallelen zu ihrem eigenen Zustand, andererseits beklagte sie das Ende zweier großer Dichter. Die hier vorgestellten kurzen Verse entstammen einer ganzen Reihe von Gedichten, die sich mit dem Selbstmord von Jessenin und Majakowski auseinander setzen.

Bin voller Sanftmut, denn näher und näher
rückt mein letztes *farewell*,
und ich frage mich immer häufiger: Wer
soll erben das Bärenfell?

Und den Stock mit der Hundeschnauze als Griff?
Und den Wärme schenkenden Plaid?
Und das silberne Armband von feinstem Schliff,
mit Türkis übersät?

Und diese Blumen? Und diese Kuverts?
Wem sei das alles vermacht? ...
Wer soll dich erben, mein letzter Vers,
und dich, meine letzte Nacht?!

(1915)

In memoriam Sergej Jessenin

Mitleidsmienen – kurz gelebt?
Bitternis – zu wenig gab? –
Lang gelebt, wer *heut* gelebt,
wer das Lied gab – alles gab.

(1926)

An Majakowski

Zerschlug viele Tempel, doch davon
der letzte am wertvollsten scheint.
O Herr, laß in Frieden schlafen
                    deinen hingegangenen Feind.

(1930)

Öffnete die Adern: Nicht zu ändern,
bis zum Ende strömt das Leben aus.
Kommt herbei mit Töpfen und mit Tassen!
Und die Tassen werden es nicht fassen,
Töpfe es nicht schöpfen,
                            an den Rändern
rinnts – das Röhricht tränkend – erdenwärts.
Und ist nicht zu wenden, nicht zu ändern:
Bis zum Ende strömt mir aus – der Vers.

(1934)

Sofia Parnok (1885–1933)

stand zeitlebens außerhalb jeder literarischen Schule und Bewegung. Darin ähnelte sie dem Dichter Wladislaw Chodassewitsch, mit dem sie eine enge Freundschaft verband. Aber nicht nur darin: Wie Chodassewitsch war Parnok eine strenge Kritikerin mit unbestechlichem Geschmack. Ohne Furcht offenbarte sie die Schwächen der Brjussow'schen Lyrik und war bereit, die ersten Errungenschaften Anna Achmatowas, Ossip Mandelstams oder Sergej Jessenins anzuerkennen. Parnok entdeckte schon bald ihre Schwäche für Frauen, und viele ihrer Gedichte behandeln sapphische Themen. 1914 begegnete sie der jungen und jungenhaften Marina Zwetajewa. Beide Frauen waren voneinander tief beeindruckt und widmeten sich gegenseitig zahlreiche Gedichte.

Im Gegensatz zu Chodassewitsch und Zwetajewa ist Parnok nicht emigriert. Sie geriet zunehmend in Isolation und musste sich mit diversen Brotberufen und Auftragswerken finanziell über Wasser halten. Sie starb in großer Armut. So wird in ihrem Spätwerk immer deutlicher eine suizide Note hörbar.

Durch die blaue Scholle schlägt
man ein Eisloch mit dem Spaten:
Für die Fische heißt es – Atem,
Wasser – dem, der Wasser trägt,
Ausstieg – heißt es für die Träge,
die am Ende ihrer Wege
wie ein Wrack zusammenbricht
und kein andrer Pfad in Sicht!

(1931)

Nikolaj Assejew (1889–1963)

wird heute fast nur noch im Zusammenhang mit Wladimir Majakowski betrachtet. Dabei kämpfte er stets an der vordersten Front des russischen Futurismus und war durchaus ein eigenständiger, ja begnadeter Dichter. Einen wichtigen Impuls gab ihm Welimir Chlebnikow, erst danach kam es zu der engen Freundschaft mit Majakowski. 1914 gründete Assejew zusammen mit Sergej Bobrow und Boris Pasternak die Moskauer Futuristengruppe »Zentrifuge«. Ab 1922 arbeitete er intensiv an der von Majakowski geleiteten Zeitschrift »Lef« mit.

Als einem Vollblutlyriker fiel es Assejew nicht leicht, sein Schaffen in den Dienst des Utilitarismus zu stellen. So ist es nicht verwunderlich, dass seine Texte Mitte der zwanziger Jahre immer tragischere Töne vernehmen lassen. Ähnlich verzweifelt klangen im vorrevolutionären Russland seine Liebesgedichte, wie beispielsweise der Text »Meeresrauschen«.

Der Selbstmord Majakowskis löste bei Assejew eine Krise aus. Jahrelang arbeitete er an dem groß angelegten Poem »Majakowski beginnt«, für das er mit dem Stalin-Preis ausgezeichnet wurde …

1941 bat Marina Zwetajewa in ihrem Abschiedsbrief Assejew, ihren Sohn nach ihrem Tode bei sich aufzunehmen. Er kam ihrem Wunsch nicht nach.

Seine letzten Jahrzehnte verlebte Assejew als etablierter sowjetischer Dichter.

Meeresrauschen

Mal Ohrring, mal Hering: Capricen …
Das Meer aber hat befohlen,
die Sommerglut zu erschießen
aus seinen grünen Pistolen.

Doch vergessend alles auf Erden
und die Böe gepackt beim Ärmel,
bewirft es der unbeschwerte
Sommer mit Worten voll Wärme.

Sein Haar aus brausenden Gischten
schüttelt der Meeresriese,
mit spöttischem Lied verdrischt ihn
die zornige Morgenbrise.

Wellen lecken dich mitten
im überschäumenden Bade,
da hab ich mir aufgeschnitten
die brünstige schwarze Ader.

Und wenn sich die Strände bäumen
und die wogende Brust zerbricht,
versäume, versäume, versäume
meine Erschießung nicht!

(1915)

David Burliuk (1882–1967)

nannte sich zu Recht den »Vater des russischen Futurismus«. Seine sprachlichen Experimente sind in den Jahren 1907 bis 1910 einzigartig: zerbrochene Syntax, pumpende Rhythmik, extreme Thematik.

Die vollkommene Umkehrung der bürgerlichen Ästhetik war eine Lektion, die er von den französischen *poètes maudits* gelernt hatte, insbesondere von Tristan Corbière. Alles Ekel-erregende wurde exzessiv besungen, darunter natürlich die Großstadt, diese »Riesenkloake«, die jeden halbwegs denkenden Menschen dazu zwinge, sich aus dem Fenster zu stürzen ... »Nein keine Dunkeltonne mir / Auch keinen Lachs Pistole Schädel / O welch ein negativer Stoff / Suizidalumwedelt« – diese Strophe aus einem 1910 entstandenen Gedicht könnte durchaus als Motto über dem gesamten lyrischen Werk Burliuks stehen. Viele Zeilen lesen sich wie ein bewusst vergröberter und durch den Fleischwolf gedrehter Alexander Blok.

Und es ist kaum verwunderlich, dass ausgerechnet Burliuks Schule den wohl größten Dichter des Suizids hervorgebracht hat: Wladimir Majakowski, der noch 1928 schrieb: »Mit steter Liebe denke ich an David. Ein wunderbarer Freund. Mein wirklicher Lehrer. Burliuk machte mich zum Dichter.«

Spucken in den Himmel

Ich spucke, spucke in den Himmel –
Lösche einen Stern; kommt, wenn wir zusammen
Spucken ... löschen wir die Sonne aus! ...
Brüllte laut ein Säufer, aus der Kneipe tretend,
Vom Gebräu des trüben Bieres voll, und vom Alltag
Und vor Bosheit,
Widrigkeit
Und Elend toll ...

(Entstehungszeit unbekannt)

Op. 10

Es stürzten herab mit Geklingel
Zerbrochene Worte des Grimms
Gebreitet die Arme im Winkel
Geriet mit dem Kopf auf den Sims
Das Volk hat sich unten versammelt
Ein Kirchturm hat oben gelacht
Ein Weib hat Gebete gestammelt
Ein Blödmann hat Witze gemacht
Wie Gläser die Augen aussahen
Der Tote lag bäuchlings gestreckt
Vom Schlachthof dem gnadenlosen nahen
Hat Blut eine Katze geschleckt.

(1909)

Op. 8

Ein Haus von sechs Etagen ragend stand
Der schwarzen Fenster trostlose Konturen
Und keines ist als Blume aufgebrannt
Klingend in altbekannten Spuren.
O wieviel Blicke stachen durch die Nacht
Und stürzten aus dem obersten Geschoß
Der irren Tochter klagend angedacht
Schlafloser Wächter Klapperstoß.
Die du die frische Höhe eingehaucht
Ins Fenster sahst vom fremden Dache droben
Wie heilig bist du nun wie selbstlos und erlaucht
Indem du fielst hast du dich selbst erhoben.

(1910)

Igor Sewerjanin (Igor Lotarjow, 1887–1941)

wurde mit seinem Band »Donnerbrausender Kelch« 1913 zu einem literarischen Ereignis: unzählige Neologismen, prickelnde Erotik, freche Themen und lautstark gepriesenes Feinschmeckertum sorgten für Aufsehen. Bereits 1909 hatte Sewerjanin schlagartig Berühmtheit erlangt: Leo Tolstoj hatte ihn empört als Beispiel für den moralischen Verfall der Epoche bezeichnet.

1911 rief der Dichter in Russland den Futurismus aus und wurde somit zum ersten russischen Futuristen, wobei er diesem Terminus das Beiwörtchen »Ego« hinzufügte. Während seiner öffentlichen Tourneen gelang es ihm, ganze Säle zu füllen. Das Publikum bestand hauptsächlich aus Frauen. Ein Portrait Sewerjanins, des populärsten Skandalpoeten der Zeit, durfte in keinem Salon fehlen. Aber auch literarische Kollegen konnten sich seinem narkotisierenden Einfluss kaum entziehen: Die »alte Garde«, wie Walerij Brjussow und Fjodor Sologub, begrüßte ihn, die »junge«, wie Wladmir Majakowski und Wadim Scherschenewitsch, orientierte sich an ihm. Marina Zwetajewa nannte ihn einen Dichter »von Gottes Gnaden«, während Welimir Chlebnikow schrieb: »Für mich existieren 3 Dinge: 1) Ich; 2) der Krieg; 3) Igor Sewerjanin?!!!« Ein großer Verehrer des Dichters war auch der Komponist Sergej Prokofjew.

Da Sewerjanin alles Extravagante und Impulsive besang, hatte der Selbstmord in seinen Texten einen festen Platz, wenn auch meistens ironisch umbrochen, wie im Gedicht »Die Selbstmörderin«. »Trance in Violett« thematisiert vielleicht zum ersten Mal in der Geschichte einen tödlichen Geschwindigkeitsrausch.

1918 wurde Sewerjanin bei einem öffentlichen Lyrikwettbewerb zum »König der Dichter« gekürt. Danach verließ er Russland und siedelte sich in Estland an, von wo aus er meh-

rere Versuche unternahm, ins Literaturleben zurückzu-
kehren. Dies war ihm nicht vergönnt. Er starb in Armut und
Isolation.

Die Selbstmörderin

Sie sind aus dem Saal gelaufen zur windbestürmten Veranda,
die über dem Fluß und dem Abgrund sich malerisch aufgespannt.
Den Knäuel der Lust entfädelnd, ähnelten Sie Ariadne,
zerknüllten weiße Narzissen in Ihrer bräunlichen Hand.

Wie waren Ihnen verleidet die Leute mit ihrem Geläster!
Der Abgrund heulte und krächzte. Im Fluß ein Fischer ertrank.
Gelächter klang aus dem Fenster. Dazu ein Salon-Orchester.
Ihr Blick von Türkis wurde lila und ihre Wangen – blank.

Wie Schüsse donnerten Türen. Wie Flügel flatterten Fräcke.
Wie eine Horde Gorillas lärmte ein Dandy-Club.
Und im erleuchteten Dunkel, eine Füchsin gedrängt in die Ecke,
haben Sie einen gebissen und sprangen die Schlucht hinab!

(1913)

Trance in Violett

O Lilienliköre –, o Crème de Violette!
Ich trank der Veilchenträume Phiole, flugs entflammt,
verlangt ich augenblicklich mir ein Kabriolett
und setzte mich in dieses auf einen Sitz von Samt.

Mein Fahrer war in einer schwarzfarbenen Livree,
er rührte einen Hebel, und der Motor sprang an
und, schnaubend wie ein Reitpferd, fuhr los auf voller Bahn,
der Wind riß mir begeistert vom Kopfe das Barett.

Und ich verlangte Vollgas. Und ich verlangte keck,
die Sphären zu bezaubern und Wege zu verwirrn!
Als der Chauffeur versagte, da stieß ich ihn hinweg,
ich wollte durch die Sphären! hindurch! mit heißem Hirn!

Und brach ich in die Wälder – kein Baum und keine Furch!
Und traf ich eine Siedlung – kein Flehen und kein Haus!
Zerspränge der Motor mir, ich biß' die Hände durch!!! ...
Und alles rings ertränkt' ich in meinem trunknen Braus ...

Da ... bremste eine Geste die rasendsteile Fahrt:
Denn eine Lilie hielt mich am Wasserfall zurück.
Ich kniete vor ihr nieder, ganz buckelig vor Glück
und dankte, daß dem Wahnsinn ein gutes Ende ward ...

Ich bin entrückt. Bin sehend. Bin schüchtern. Bin im Traum.
Und bin ich schuld? – Man sieht doch so selten das Kollett
der Lilie! Ohne Lilien ist grau des Weges Saum ...
O Gift der Veilchenträume – o Crème de Violette ...

(1911)

Iwan Ignatjew (Iwan Kasanski, 1882–1914)

war nicht nur der wichtigste Verleger und Theoretiker des Ego-Futurismus, sondern auch einer von dessen radikalsten Vertretern. Nachdem Igor Sewerjanin 1912 die Gruppe verlassen hatte, wurde Ignatjew zum Vorsitzenden ihres »Areopags« gewählt. Von da an versuchte er mit allen Mitteln, diese Richtung zu propagieren. Der 1912 ins Leben gerufene Verlag »Petersburger Herold« verstand sich als Sprachrohr aller dem Ego verfallenen Dichter, wie Basilisk Gnedow, Gral Arelskij oder Wadim Scherschenewitsch.

Ignatjews Ego-Futurismus besaß nichts mehr von der Leichtigkeit und salonhaften Galanterie eines Igor Sewerjanin, sondern eröffnete Raum für avantgardistische Experimente. In Ignatews Gedichtband »Schaffott« (1914) finden sich Gedichte mit den Überschriften »Opus: + – x«, »Opus: A – Ω« oder »Opus: dritte Wurzel aus 8989 n. Chr.«. Das Gedicht »Opus: – 45« ist mit der Anmerkung versehen: »Opus: – 45 ist ausschließlich zum Ansehen geschrieben; es zu hören oder auszusprechen ist untersagt.« An einer anderen Stelle heißt es gar: »Aufgrund von technischer Impotenz lässt sich Iwan Ignatjews Opus *Lasur-Logarythmus* nicht typo-lithographisch wiedergeben.« Fast alle Texte sind geprägt von nietzscheanischer Selbstbehauptung, die bis hin zur rauschhaften Selbstauslöschung reicht.

Aber als das ego-futuristischste Gedicht Ignatjews lässt sich wohl sein Tod begreifen: Am Tag seiner Hochzeit schlitzte sich der Zweiundzwanzigjährige mit einem Rasiermesser die Kehle auf und betrachtete sich dabei im Spiegel.

Unaufhörlichkeit

Der Mohn treibt in fernere Sphären ...
Mag höhnen der Wurm,
wir pflanzen herbstliche Ähren.

Da wir den Sturm begehren,
errichten wir frech einen Turm
uns zu Ehren im All

und bringen die Daseinschimären,
die ewig währen
froh zu Fall.

(1913)

Heute besuch ich den Ort, an dem lustige Walzer tönen,
wo ich gleich einem zerbrochnen Harlekin wein.
Und sie kommt näher und sagt mir: Hör auf zu stöhnen.
Aber auch mit ihr bleib ich allein.

Gesichter der Gesichte küß ich
in diesem tristen Totenhemd
und, aller Hemmnis überdrüssig,
geh ich dahin, wo nichts mehr hemmt.

(1913)

Welimir Chlebnikow
(Viktor Chlebnikow, 1885–1922)

galt allein die Sprache als sein Metier, die physische Existenz bedeutete ihm nichts. Nur mit Hilfe seiner Freunde, die in ihm ein Genie erblickten, konnte er sein Dasein fristen. »Irgendein idiotischer Einstein, der nicht unterscheiden kann, was näher liegt, eine Eisenbahnbrücke oder das *Igor-Lied*«, schrieb über ihn – durchaus bewundernd – Ossip Mandelstam. Als eine Art Derwisch oder Gottesnarr bewegte sich Chlebnikow ohne jeden Plan durch Russland und verfasste unterwegs unzählige Gedichte, riesige Poeme, Romane und Theaterstücke. Ein großer Teil seines Œuvre muss als unwiederbringlich verloren gelten. Aber selbst das erhalten gebliebene Werk beeindruckt durch seine epische Breite. Es war diese beinahe autistische Fixierung auf das Wort, die Chlebnikow letztendlich das Leben kostete. Er starb 1922 den Hungertod. Die Ehefrau von David Burliuk, Maria, beklagt in ihren Erinnerungen, dass sich in dieser Zeit niemand um ihn gekümmert habe, »um dieses dichtende Kind, das auch jeden Tag essen musste«. Aus dem späten Gedicht »Ich trat als Jüngling …« lässt sich diese Selbstvergeudung, hier stilisiert zu einer mystischen Selbstverbrennung, herauslesen. Die Selbstmorde der jungen Dichter Boschidar und Iwan Ignatjew berührten Chlebnikow, und er erwähnte beide mehrfach in seinen Texten. Dem Andenken Ignatjews widmete er auch den hier vorgestellten Vierzeiler.

In memoriam Iwan Ignatjew

Und auf kalten Sternenpfaden,
ohne ein Gebet zu singen,
flieg ich, Toter, zornbeladen
und mit einer blutigen Klinge ...

(1914)

Ich trat als Jüngling ganz allein
in tiefe Nacht
und war von Kopf bis Fuß
bedeckt mit straffen Haaren.
Und um mich war es Nacht,
ich fühlte mich verlassen
und sehnte mich nach Freunden
und sehnte mich nach mir.
Entzündete das Haar,
warf um mich Fetzen, Lockenringe,
entzündete um mich herum *[unleserl.]*
entflammte Bäume, Felder –
mir wurde warm ums Herz.
Das Feld von Chlebnikow verbrannte,
und in der Finsternis erstand das Feuer-Ich.
Ich gehe fort von hier,
mit meinem Haar entzündet,
anstatt des Ich
erstand das Wir!
Geh, grimmer Wikinger, Herr Nansen,
trag Ehre und Gesetz.

(1922)

Boschidar (Bogdan Gordejew, 1894–1914)

war einer der gewissenhaftesten Nachfolger Welimir Chleb-
nikows. In Charkow lebend, entwickelte er zahlreiche Ele-
mente, die Chlebnikow nur angedeutet hatte, zu einem festen
System. 1913 begann er, Sanskrit zu studieren, gab sein Stu-
dium aber schon bald wieder auf. Während einer Fahrt nach
Moskau freundete er sich mit der dortigen Futuristengruppe
»Zentrifuge« an. Zusammen mit ihren Mitgliedern Nikolaj
Assejew und Grigorij Petnikow gründete er 1914 in Charkow
eine Filiale der Gruppe und einen Verlag, beides unter dem
Namen »Liren«. In diesem Verlag erschien sein einziger Ge-
dichtband »Tamburin«. Kurz nach dem Beginn des Ersten
Weltkrieges erhängte sich der kränkliche und hypersensible
Boschidar in einem Wald bei Charkow. »Unter uns war ein
Jüngling«, schrieb Assejew »der auf voller Fahrt zu Beginn des
großen Todeskampfes zerschellte.« »Er zerbrach im Fluge an
den durchsichtigen Wänden des Schicksals«, resümierte
Chlebnikow und setzte zwei Jahre nach dem Selbstmord des
jungen Dichters dessen Namen postum unter das Manifest
»Die Trompete der Marsbewohner«.

Die Gelage der Zurückgezogenheit

I

Im Himmel die melancholische Dämmerung sich verlor.
Der Sphären
Horizont streckte sich
schwindelerregend ... Der Staub der Planeten trat flimmernd
hervor
als Feuerwerk, reckte sich
voll Begehren
der Geist zur metaphysischen Welt – ins fremde Empor.

II

Fort stieß ich die Syllogismen, verhaßt
wie Stelzen,
durchquerte der Irrungen,
der Binsenweisheiten Sumpf und sah froh die Last
all meiner Wirrungen
zerschmelzen ...
Oh Täler, bezauberndes Firmament – habe ich euch umfaßt?

III

Ich betrete tänzelnd das freundlichere Gefild,
noch trunken
von mystischer Traurigkeit ...
Zurückgezogenheit, du Göttin so mild,
in deine Schaurigkeit
hingesunken,
bin ich nur dir allein zu huldigen fromm gewillt ...

IV

Ich bade im kühlen Kristall – alles Vergangene fährt
schwindend nieder
in den See der Vergessenheit.
Und der Erwachsene fühlt, wie sich im Glimmer verklärt
seine Vermessenheit.
Werde wieder
geboren als Knabe, der diese Erde in Gebeten verehrt.

V

Ich sinne lächelnd in dämmernder Dunkelheit,
die neblig
und sternelos:
»Ich bin im Nichtsein ... auf Feldern, wo nur die Leere gedeiht
und bin dich gerne los,
du vergeblich
gelebtes Leben! ...« Und mache mich auf den duftenden
Blüten breit ...

VI

Ich küsse die Blüten – die Lippen voll Wohlgeruch,
voll Tau

(1914)

Alexej Krutschonych (1886–1968)

war ein *enfant terrible* der russischen Literatur. Ein Hasser alles Akademischen, entwaffnete er die Gelehrten unter den Dichtern seiner Zeit durch unhaltbare, aber mit Schaum vor dem Mund vertretene Thesen. So durchsuchte er sämtliche (!) Texte Puschkins nach den Silben *po* und *kak*, nur um ihm anale Fixierung unterstellen zu können. 1912 verfasste er das berüchtigte Lautgedicht »dyr bul schtschil«, das ihm bis zum Ende seines Lebens einen skandalösen Ruf sichern sollte. Zusammen mit Welimir Chlebnikow begründete er die »jenseits der Ratio« liegende Klangsprache *(zaum)*. 1913 schrieb er das Libretto zur ersten futuristischen Oper »Der Sieg über die Sonne«. Seine zahlreichen Gedichtbände wurden von den bedeutendsten Avantgardekünstlern illustriert, darunter Kasimir Malewitsch, Olga Rosanowa, Wladimir Tatlin und Natalia Gontscharowa.

Nach der Oktoberrevolution arbeitete er an Wladimir Majakowskis Zeitschrift »Lef« mit. In seinen Gedichten aus dieser Zeit machte er sich in der für ihn so charakteristischen verantwortungslosen Art über alles lustig, was mit dem Leben der vorrevolutionären Aristokratie zusammenhing, jener Kaste, die sich aus lauter Inhaltslosigkeit letztlich nur noch selbst töten könne. Aber auch in seiner ewigen Clownerie, in seinem klanglichen Feuerwerk ging er oft genug bis an die Grenze des Erträglichen und riskierte mit jeder neuen Zeile den literarischen Selbstmord. Doch er wäre nicht der große Krutschonych gewesen, wenn er vor einem *salto mortale* Angst gehabt hätte!

Mit dem Beginn der Stalin'schen Repressionen zog er sich aus der Öffentlichkeit zurück und lebte hauptsächlich vom Verkauf seltener Bücher der russischen Avantgarde, die er Zeit seines Lebens eifrig sammelte.

Balladen vom schrecklichen Gift Kormoran

1.

O dunkles Gift – du nagend KORMORAN
so unsichtbar in grauer Ampulle
mit glänzender Nachlässigkeit schluckt dich der GRAF
doch bald verkrampft er sich unschön auf dem marmornen
                                                    Stuhle!

O dunkles Gift – du nagend MATABRAN
das man in alten Wein und schwarzen Kaffee rühret
ein tückisch Gast aus einem heißen Land
gesteckt die Nase in das Loch des Himmels
begieß
    ich
    dich
    FRUSTRIERT
        mit süßer Konfitüre

2.

Kormoräner
dunkles Gift
das in Kaffee und alten Wein
längst wird eingegossen sein
er läßt gedeihen eine Leichen-Trift

verdickt das Blut im Sommer
ausflippend den gekNICKTEN Blick
verschluckt den Hals mit Seichte
dem greisen Grafen fällt der Lüster
in den Schnaps

Verweser
undErnehmer
deine Oblate für ein Groschenstück
will ich vor skandalöser Fahrt einnehmen
zum Schlückchen schnalzender Zunge

(Klack)

(1919)

Selbstmörder-Zirkus

SARDINIANS Benefiz mit pelzner Jockeymütze
er hat bezähmt den allzu schmächtigen Hengst
die Hand die Sporen bis ins Rückgrat eingezwängt
vom zähneKLAPPERNDEN GEKLACKER
seufzt das Roß geht zu aufs Ende längst
    smurg
    murgla
    HOP-LA!
    HOP-LA! …

  die Knute für gelangweiltes Getier
  trist in den Händen des Artisten,
    saphirner Bruch,
Pedale der KLEOPATRA sind heiser
es sickert seichter Staub durch die Kulissen
    smurgla
    muER
    BRUCH-LA!
    BRUCH-LA! …

der Zirkus selbst ist müde von den Brüllern Pirouetten
er schneuzt wie Bast die Innerein heraus
das Löwenweibchen humpelt, zersägt sind Korsetts und Bretter
es rieselt durch die Luft EIN GRÜNER GRAUSS
  wie ein SARDINCHEN aus dem SUIZIDEN GOCKEL saust
    BRUCHA-LA! …
    BRUCH-LA! …

(1919)

Daniil Charms (Daniil Juwatschow, 1905–1942)

starb ein halbes Jahr nach seiner Verhaftung in einem Gefängniskrankenhaus. Bereits 1937 hatte er in sein Tagebuch geschrieben: »Ich will nicht mehr leben. Ich brauche nichts mehr. Ich habe keine Hoffnungen mehr. Ich brauche Gott um nichts mehr zu bitten – was er mir schickt, das soll auch sein.« In solch einer Ausweglosigkeit sollte eine der letzten und radikalsten avantgardistischen Gruppen des »Silbernen Zeitalters« enden: die 1927 in Leningrad gegründete »Vereinigung für reale Kunst« OBERIU.

Manches an Charms' Texten ist parodistisch. So wird im Gedicht »Trieb« bewusst mit dem Puschkin'schen »Plauderton« und dem Pathos der russischen Klassik gearbeitet. Aber was als sprachliches Experiment begann, wurde immer mehr zu einem tatsächlichen Lebensgefühl: Die Welt nahm ständig groteskere Züge an, ihr Kern erwies sich als bedrohlich und trostlos. »Alles Irdische zeugt vom Tod«, notierte Charms 1938. So sind viele seiner Tagebucheinträge und Verse vom Ende der dreißiger Jahre zutiefst pessimistisch, wie etwa der Vierzeiler »Wir sind besiegt am Feld des Lebens«.

Trieb

Ich habe keine Möglichkeiten,
gegen den inneren Trieb zu streiten,
mich gegen das Natürliche aufzubäumen,
so nag ich voll Wut an den eigenen Zäumen,
aus meinen Nüstern kommt Geschnauf,
es richtet sich mein Haar gar leidenschaftlich auf.

Ach hätt ich einen Schlips und sanfte Hosen,
ein blaues samtenes Jackett,
ich stünde in verschiednen Posen,
lässig gelehnt ans Fensterbrett.
Da eilte sie zu mir auf Rosen
empor – zu einem Tête-à-tête!

Ich habe keine Möglichkeiten,
gegen den inneren Trieb zu streiten,
ich spür ihn ärger in mir wuchern:
Der Gegenstand meiner Bewundrung läßt
sich nicht von mir besuchen.

Zwei Tage ließ der Gegenstand sich bitten,
aus diesem Grund erschieß ich mich am dritten.

Ach könnt ich aus der Eremitage
mir doch ein Paar Pistolen klaun!
Meine Rivalen wärn in Rage:
Ich würde kurz gen Himmel schaun,
um mich, als ein getreuer Page,
zu ihren Füßen hinzuhaun!

Ich habe keine Möglichkeiten,
gegen den inneren Trieb zu streiten,
gleich einem Blatt schrumpf ich zusammen,
wie einen Turm wird er mich rammen,
wird Zigaretten aus mir drehn und mich in Rauch auflösen,
zu Sand zerreiben und zerbröseln.

Könnt ich dem Gegenstand der Triebe
doch anvertraun, wie sehr ich leid:
Ich würde mich mit starkem Hiebe
in Stücke schneiden, und ein jedes wäre ihr geweiht!
Dann huldigten wir zwei noch lange Zeit der Macht der Liebe,
bis hin zum Grab, wo wir dann lägen Seit' an Seit'! ...

(1933)

Die herausfallenden Alten

Aus übermäßiger Neugier fiel eine Alte aus dem Fenster, schlug auf und war tot.

Aus dem Fenster lehnte sich eine weitere Alte und betrachtete die unten liegende, aber aus übermäßiger Neugier fiel auch sie aus dem Fenster, schlug auf und war tot.

Dann fiel aus dem Fenster eine dritte Alte, dann eine vierte, dann eine fünfte.

Nachdem die sechste Alte herausgefallen war, hatte ich es satt, ihnen zuzusehen, und ich ging zum Malzewski-Markt, von dem es heißt, man habe dort einem Blinden ein Wolltuch geschenkt.

(1937)

Wir sind besiegt am Feld des Lebens.
Und jede Hoffnung ist vergebens.
Zu Ende ist der Traum vom Glück –
allein das Elend blieb zurück.

(1937)

Sascha Tschorny
(Alexander Glikberg, 1880–1932)

wurde mit seinen ersten beiden Gedichtbänden »Satiren« (1910) und »Satiren und Lyrik« (1913) zum bedeutendsten Satiriker Russlands und zum festen Mitarbeiter der Zeitschrift »Satyrikon«. Seinem galligen, hoffnungslos pessimistischen Ton konnte sich kaum ein Dichter entziehen. So zählten sich so unterschiedliche Lyriker wie Nikolaj Gumiljow, Wladimir Majakowski und Wladimir Nabokow zu seinen Bewunderern. Nach der Revolution emigrierte Tschorny. Er starb in der Provence, als er half, ein brennendes Haus zu löschen.

Da Tschorny 1906–1907 in Heidelberg studiert hatte, handeln viele seiner Satiren von Deutschland. So auch das Gedicht »Fakt«, das hier als »deutscher« Ausgleich zu den zahlreichen »russischen« Selbstmorden präsentiert wird …

Fakt

Die achtzehnjährige Minna Schmidt
hatte sich selbst vergiftet.
Wie dem auch sei, doch hat sie damit
gewisse Unruh gestiftet.

Man starb in dem Städtchen nur selten *so*,
und da fing es an zu rumoren
wie die Posaune von Jericho:
»Sie hat die Ehre verloren!

Des Apotheker Kurtens Sohn,
ein studentischer Herzensbrecher,
zahlte ihr wohl einen üblen Lohn
und schwängerte sie, der Zecher!

Wer sah denn nicht, wie sie Hand in Hand
spazierten über die Wiesen?
Tja, Fräulein Schmidt, der hübsche Fant
hat dir die Treu bewiesen!«

So sprach man, bis alle – ob jung, ob alt –
das böse Gerücht vernahmen.
Auch der Frau Schmidt überbrachtens bald
zwei respektable Damen ...

Doch war die Leiche noch nicht verscharrt.
Mit gewaltigen Broschen behangen,
ist Frau Schmidt nach sittsamer Witwenart
zu Doktor Stolzen gegangen.

Der Doktor besuchte sie dann zu Haus,
er prüfte das leblose Wesen
und stellte Frau Schmidt die Bescheinigung aus,
Minna sei Jungfrau gewesen.

(1911)

Nikolaj Ozup (1894–1958)

gehört zu den wichtigsten russischen Lyrikern des Pariser Exils. Als begeisterter Anhänger Nikolaj Gumiljows besuchte er dessen 1920 wiedergegründete poetische Schule »Zeche der Dichter«. 1922 emigrierte er zunächst nach Berlin, dann nach Paris. Er verfasste zahlreiche Essays über die russische Moderne und prägte den Begriff »Silbernes Zeitalter«.

Als Freiwilliger in der französischen Armee ging er 1939 nach Italien, wurde dort wegen antifaschistischer Aktivitäten verhaftet und blieb anderthalb Jahre im Gefängnis. Nach einer misslungenen Flucht brachte man ihn 1941 in ein Arbeitslager. Erst 1942 konnte er fliehen und kämpfte von da an im italienischen Widerstand.

Fünfzehn Jahre lang vergeudete Ozup seine Fähigkeiten als subtiler Lyriker an das gigantische autobiografische Poem »Tagebuch in Versen«. Für seine Dissertation über Gumiljow erhielt er 1951 die Doktorwürde. Er starb 1958 in Paris an einem Herzinfarkt.

Wie in der gesamten russischen Exilliteratur spielen auch in Ozups Werk tragische und suizide Motive eine bedeutende Rolle.

Löst sich langsam die Krawatte,
doch behält die Stiefel an,
legt sich stöhnend auf die Matte,
bis er nicht mehr aufstehn kann.

Und ein andrer drückt sich fester
die Pistole an sein Ohr
»Ihre Arbeit, meine Beste!«
bringt er eben noch hervor.

Jeder Held wird sich ergeben,
jeder Sklave wird befreit.
Und da schenkst du mir das Leben
bis in alle Ewigkeit?

Jedes Segel wird verblassen.
Mein Protest ist sinnlos: Bald
wird die Schöne dich verlassen,
oder schlimmer: läßt dich kalt.

(Anfang der zwanziger Jahre)

Georgij Adamowitsch (1892–1972)

war, wie auch Nikolaj Ozup, ein passionierter Verfechter des Akmeismus und Nikolaj Gumiljows. Er setzte sich sehr stark für dessen »Zeche der Dichter« ein und sorgte dafür, dass diese Form einer Lyrikschule auch nach der Oktoberrevolution fortbestand. 1922 emigrierte Adamowitsch nach Paris und wurde dort zu einem der renommiertesten Kritiker. Er verfasste kaum mehr als hundert Gedichte, deren Merkmal, trotz ihrer inneren Tragik, ein klassisch strenger und trockener Stil ist, was in der russischen Literaturkritik heute mit dem Begriff »Pariser Tonfall« bezeichnet wird …

(Ein wollener Rest in der Hand
der schlummernden Parze ...) Gebrochen
und dennoch nicht tot der Verstand.
Das Herz aber mag nicht mehr pochen:

Es würde sich kraftlos vernarrn,
es würde sich grundlos vergessen.
(... noch dünner, noch länger das Garn,
es sollte zerreißen indessen.)

(1920–1930)

Sollte das Jäckchen von Pelz mir entfallen?
Sollte im Ohr
jenen gelangweilten Ton überschallen
himmlischer Chor?

Kerzen erlöschen: Es trommelt durchtrieben
nachts ein Taifun
gegen die Pforten. Wo bist du geblieben,
wo bist du nun,

elendes Glück? Als Vergessenheit kennen
Menschen dich schon,
ich aber will *Zyankali* dich nennen
aus Präzision ...

(1920–1930)

Georgij Iwanow (1894–1958)

wird von den Kritikern meistens irgendwo zwischen den Polen »Genie« und »Epigone« angesiedelt. Vielleicht war er auch tatsächlich so etwas wie ein genialer Epigone: Als Ego-Futurist imitierte er um 1911 vortrefflich Igor Sewerjanin, als Mitglied der »Zeche der Dichter« kurz darauf Nikolaj Gumiljow. Ebenso brillant ahmte er nach seiner 1922 erfolgten Ausreise nach Paris Wladislaw Chodassewitsch nach. Die Resultate waren verblüffend: Trotz eines perfekten Stils und unübertroffener Melodik fehlte ein seelischer Kern völlig. In seinen Memoiren »Petersburger Winter« zeigt sich Iwanow als ein äußerst unterhaltsamer und unkonventioneller Beobachter, der um jede Person eine Legende zu kreieren vermag, womit er unverdienterweise den Hass Anna Achmatowas und Nadeschda Mandelstams erntete, die in dieser Kunstprosa vergeblich nach erhabenen Dokumentationen der Zeitgeschichte suchten.

Spätestens in den dreißiger Jahren wurde Iwanow zu einem unverbesserlichen Pessimisten. Als raffinierter Snob mit tadellosem Geschmack, keinem einzigen Centime in der Tasche, verfasste er nur noch zynische, sarkastische, selbstmörderische Verse und fand in ihnen – vielleicht zum ersten Mal zu einem wirklich *eigenen* Ton.

Die Schauspielerin

Der Frühlingswind hat geblasen,
die Abendbläue ließ nach,
während ich Abschiedsphrasen
auf offener Bühne sprach.

Dann löste ich meine Flechte,
wie es die Rolle gebot,
schluckte das Gift (nicht das echte),
seufzte – und war tot.

Der Vorhang ist laut gesunken,
leise klatschte das Publikum.
Ich erhob mich im Dunkeln.
Ein Becher fiel klirrend um.

Mutter daheim. Ich schleppe
mich, gelangweilt wie eh und je,
hoch die knarrende Treppe,
wiederauferstanden zum Tee.

(1914)

Alexander Negora
(Alexander Negorejew, 1886–1920?)

nimmt im gewissen Sinne eine literarische Sonderstellung ein. Als Sohn einer deutschen Mutter und eines russischen Vaters übersetzte er, in Russland lebend, Gedichte seiner Zeitgenossen in sein »geliebtes Deutsch«. Als Bekannter Nikolaj Gumiljows nahm er zeitweise an dessen »Zeche der Dichter« teil und übertrug als Erster Gumiljows und Anna Achmatowas Gedichte ins Deutsche. 1914 löste er sich jedoch von Gumiljow und freundete sich mit den Moskauer Kubo-Futuristen an. Er unternahm mehrere Berlin-Reisen und knüpfte Kontakte zur deutschen Expressionistenszene. In seinen wenigen (meistens in deutscher Sprache verfassten) Gedichten spiegeln sich diese Erfahrungen wider.

Nach der Oktoberrevolution siedelte Negora nach Berlin über. Um 1920 verschlechterte sich aufgrund von Depressionen sein geistiger Zustand. Nach Aussagen einiger Freunde spielte er oft mit dem Gedanken, sich das Leben zu nehmen. Anfang der zwanziger Jahre verließ er Berlin. Über sein weiteres Schicksal ist fast nichts bekannt. Leider muss auch der Großteil seiner Übersetzungen und Verse als verloren betrachtet werden.

Dichter: Geisel der Menschheit,
    um Befreiung bemüht.
Mal ein flammender Brennscheit,
    mal zu Asche verglüht.

Eine kritische Masse,
    die sich selber zerreißt,
eine bittre Grimasse
    zwischen Körper und Geist.

In der Sekunde sechzig
    Anschläge – werden verübt
auf mein Leben, doch krächz' ich
    darum etwa betrübt?

Hab ich jemals geröchelt?
    Ich pfiff auf das ganze, doch
pfiff ich, von Kugeln zerlöchert,
    stets auf dem letzten Loch.

Hundert Leben erstarb ich,
    durchlebte den hundertsten Tod.
Der Tod! Er schien mir so farbig!
    Das Leben rosig bis rot ...

Da wollte ich nur noch sterben
    und nicht mehr ins Leben zurück.
Da brach ich mein Leben in Scherben,
    denn Scherben bringen Glück.

(1920)

Was von mir am Boden geblieben,
ist nur ein Umriß aus Klebeband.
Der ganze Rest kreist nach Belieben
um die Erde: ein froher Trabant,

kokettiert mit den Monden, jongliert mit den Sonnen
und fühlt sich besser als je zuvor!
Es heißt: Wie gewonnen, so zerronnen. –
Ich habe gewonnen, seit ich verlor.

(1920)

Boris Poplawski (1903–1935)

zählt als »russischer Rimbaud« zusammen mit Konstantin Waginow zu den geheimnisvollsten Figuren der russischen Lyrik der zwanziger Jahre. Er entstammte einer Musikerfamilie. Schon in frühster Jugend wurde er von seiner Schwester Natalia, einer dekadenten Salonlyrikerin, in die Welt der Poesie und der Drogen eingeführt. Über Konstantinopel emigrierte er 1920 mit seinem Vater nach Paris. Dort lebte er in äußerster Armut, beschäftigte sich mit Theosophie, Malerei, Boxen, Dichtung und konsumierte Kokain und Heroin. Als einer der jüngsten Lyriker des russischen Exils veröffentlichte er in diversen Emigrantenzeitschriften, wurde aber, trotz des Interesses vonseiten Wladislaw Chodassewitschs, Marina Zwetajewas, Georgij Iwanows, Nina Berberowas und anderen, von der etablierten Literaturszene nicht anerkannt. So sprach Wladimir Nabokow in seiner Rezension des einzigen zu Lebzeiten erschienenen Gedichtbands von Poplawski (»Fahnen«, 1931) dem Autor jegliches Talent ab – ein Urteil, das er später bereuen und revidieren sollte.

Ob es sich bei seinem plötzlichen Tod um Selbstmord oder um einen Unfall handelte, ist bis heute nicht hinreichend geklärt: Der lebensmüde neunzehnjährige Maler Sergej Jarcho, der sich dem Dichter als »erlauchter Fürst Bagration« vorgestellt hatte, bot ihm ein weißes Pulver an, an dem beide in der Nacht darauf starben.

In mehreren seiner Gedichte spricht Poplawski prophetisch von einem Tod durch Vergiften ...

Es naht der Morgen, aber noch ist es Nacht

Ich bin vergiftet schwimme in den Gischten,
ein zäher Unrat spült mich hoch hinaus,
und ganz allmählich unter mir erlischt schon
die böse Kohlenglut, mein Höllenhaus.
Und an der Pfütze, wo sich Räder winden,
singt eine Diva im Fabrikgeviert,
wie schwer es ist, den rechten Mann zu finden,
wie früh man doch sein schönes Haar verliert.
Über dem Bach voll Hallen und voll Leichen
posaunt die Hupe ungestüm und schrill,
des Abends Bannertuch, das rötlich bleiche,
vom Himmelsfrost ins Album kommen will.
Und im Verglühen des Dezembersommers
ist aus dem zähen Wasser voller Gift
ein riesiges Skelett emporgekommen,
das wachsend sieche Gärten übertrifft.

(1934)

Epitaph

War ausgestoßen, von Musik verstoßen.
Er aß diverse Suppen mit Gestöhn,
er schlief mit dem Gesicht in kalten Moosen
bei kleinen Sternen, unterschiedlich schön.

(1934)

W. Ropschin (Boris Sawinkow, 1879–1925)

gehörte vor der Oktoberrevolution der Partei der Sozialrevolutionäre an und beteiligte sich an terroristischen Aktionen gegen die Zarenregierung. Nach 1917 wurde er zu einem erbitterten Feind des Bolschewismus und leitete von Warschau und Paris aus eine Untergrundorganisation zum Kampf gegen die Bolschewiken. Unter anderem plante er einen Anschlag auf Lenin. 1924 wurde er bei einem Russlandbesuch in eine Falle gelockt und verhaftet. Nach offiziellen (aber nicht bestätigten) Angaben starb er nach einem Sprung aus dem Fenster des Tscheka-Gefängnisses *Lubjanka*.

Ropschin verfasste mehrere Romane und Gedichte, die alle vom fatalistischen Blick auf das Leben eines Terroristen geprägt sind – als einer Gradwanderung zwischen Mord und Selbstmord.

Ich taumelte, rannte,
die flammende Kugel brannte ...
Das Weiß der Straße
zerstäubte,
wogegen das Auge
sich sträubte.
Ein Schatten ist vag
gekrochen.
An diesem sonnigen Tag
war meine Kraft gebrochen.
Ich taumelte, rannte.
Die flammende Kugel brannte ...
Und schon erwuchs ein beschwerliches
Behagen,
ein uraltes tiefes Behagen
daran, daß ich einen Menschen erschlagen.

(Anfang der zwanziger Jahre)

Und eines Tages kam er her,
den ich nicht sah: denn
er war nicht angemeldet, er
war nicht geladen.
Ich hab mich nicht getäuscht: Es war
sein leises Schleichen ...
Und das Gesicht ihm zugewandt,
fühlt ich den Düsteren die Hand
mir reichen.
Und dieses Auge: ich erkannts
an seinem Glanz.
Er war es: er, der keinem glich,
ich haßt ihn, haßt ihn fürchterlich,
denn er war ich ...

(Anfang der zwanziger Jahre)

Guillotine,
Marterholz?
Ha, was solls!
Guillotine ist mein Leben.
Muß ich sterben? – ist mir recht.
Und der böse Henkersknecht
wird von mir auch noch verlacht:
Täglich werd ich umgebracht,
hingerichtet … Es umgeben
mich zwei Herrn vom alten Schlag
jeden gottverdammten Tag,
die mich dann hinausgeleiten:
Halten mich von beiden Seiten,
legen mich unter das Beil.
Täglich wird mir das zuteil …
Jeden Sonntag, wie zum Spaß,
zum Schafott die Menschen schreiten.
Guillotine,
Marterholz?
Ha, was solls!
Nur noch dieses eine Glas …
Könnt mich zum Schafott geleiten!

(Anfang der zwanziger Jahre)

Roald Mandelstam (1932–1961)

kann, trotz seiner späten Geburt, als einer der letzten Künstler des »Silbernen Zeitalters« gelten. Er lebte ständig in äußerster Not im Leningrad der Nachkriegszeit. Mandelstam litt an schweren Krankheiten, unter anderem an Asthma und Tuberkulose, und so war sein kurzes Leben ein langsames Verdämmern. Zu Lebzeiten wurde keine einzige Gedichtzeile von ihm veröffentlicht. Er starb 1961 an Erschöpfung.

Mandelstam verkehrte vornehmlich in Künstlerkreisen. Mit seinen Freunden erwog er des Öfteren die Möglichkeit, sich umzubringen. Aus Spaß schloss er mit dem Maler W. Prelowski eine Wette ab, dass dieser es nicht wagen würde, sich das Leben zu nehmen. Am nächsten Tag wurde bekannt, dass Prelowski sich in der Nacht erhängt hatte. Dieser tragische Vorfall, der nach den Worten der Moskauer Publizistin Olga Barasch »der Biografie eines jeden *poète maudit* alle Ehre machen würde«, veranlasste den Lyriker, die Gedichte »Das Haus des Gehängten« und »Epitaph« zu schreiben.

Das Haus des Gehängten
(in Erinnerung an W. A. Prelowski)

Nirgendwo in der Welt sind die Nächte so weiß,
nirgendwo ist das Pflaster so heiß,
nirgendwo in der Nacht sind die Häuser so leer
und von Straßen umwunden so sehr.

In dem Haus pochen Schatten verschreckt an die Wand,
wenn die blutige Dämmerung schwand.
Da sind Decken versilbert vom mondenen Glast,
da sind Ängste in leuchtende Rahmen gefaßt,
da versteckt sich ein Engel mit viel Ironie,
und im Staub liegt die Melancholie.

Durch die düsteren Scheiben quillt abends der Schein
einer Straßenlaterne hinein.
Da ertönt eine Bahn in der Finsternis hell
wie das silberne Hundegebell.

Da sind Nächte so schwül und im Juni so licht
wie das Glitzern der Augen im toten Gesicht:
In dem Haus, das sich stumm aus der Dämmerung drängt,
in dem Haus hat ein Freund sich erhängt.

Und es winkt mir als trauriger Leuchtturm im Sturm,
und der Fluß ist ein riesiger Wurm,
und sein Schuppenkleid glänzt, und er raschelt damit:
Eine Strömung, gehüllt in Granit.

(1954)

Epitaph
(für W. P. und mich)

Mit einem Schädel voll klingender Strophen
hab ich im Schneefall des Lebens geschwärmt
von riesigen kosmischen Katastrophen
und sie mit schwindender Hoffnung gewärmt.

Hatt ich vor jemandem nichts zu verstecken,
lohnte man Liebe mit kaltem Verachten.
Wollte mir jemand sein Leben entdecken,
musste ich ihn voller Misstraun betrachten.

Shakespeare, die Memme!
Kein Mumm in den Knochen!
Hamlet – ein hirnloser, tragischer Hinz.
Habe mir niemals die Birne zerbrochen
wie jener dänische Prinz.

(1954)

Quellen- und Rechtenachweise

Achmatowa, Anna: *Und im Schutze des Schleiers.* In: Olaf Irlenkäuser [Hrsg.]: *Ich lebe aus dem Mond, du aus der Sonne. Hundert Gedichte über die Liebe.* Übertragung: Alexander Nitzberg. Frankfurt am Main: Suhrkamp, 2000. S. 17. © Suhrkamp Verlag, Frankfurt am Main.

dies.: *Die Geliebten verlangen so viel.* In: ebd., S. 27. © Suhrkamp Verlag, Frankfurt am Main.

dies.: *Grüß dich, ob dein Ohr.* In: ebd., S. 33. © Suhrkamp Verlag, Frankfurt am Main.

dies.: *»Poem ohne Held«* (Auszüge). In: dies.: *Poem ohne Held.* Übertragung: Alexander Nitzberg. Reihe Chamäleon Bd. 9. Düsseldorf: Grupello, 2001. S. 33 und S. 47 f. © Grupello Verlag, Düsseldorf.

Adamowitsch, Georgij: *Ein wollener Rest ...* In: Georgij Adamovič: Stichotvorenija. Tomsk: Izdatel'stvo Vodolej, 1995. S. 66

ders.: *Sollte das Jäckchen von Pelz ...* In: ebd., S. 78

Apuchtin, Alexej: Aus den Papieren eines Staatsanwalts (Auszug). Aus: *Iz bumag prokurora.* In: Aleksej N. Apuchtin: *Polnoe sobranie stichotvorenij.* Leningrad: Sovetskij pisatel', 1991. S. 330

Assejew, Nikolaj: *Meeresrauschen.* In: Nikolaj Aseev: *Stichotvorenija i poemy.* Leningrad: Sovetskij pisatel', 1967. S. 89

Blok, Alexander: *Nacht für Nacht ...* In: Aleksandr Blok: *Izbrannye proizvedenija.* Leningrad: Lenizdat, 1970. S. 274

ders.: *Es schwellen die Wünsche ...* In: ebd., S. 49

Boschidar: *Die Gelage der Zurückgezogenheit.* In: Alexander Nitzberg [Hrsg.]: *Dampfbetriebene Liebesanstalt. Gedichte des russischen Futurismus.* Übertragung: Alexander Nitzberg. Reihe Chamäleon Bd. 5. Düsseldorf: Grupello, 1999. S. 31 ff. © Grupello Verlag, Düsseldorf.

Brjussow, Walerij: *Der Dämon des Suizids.* In: Valerij Brjusov: *Izbrannye stichi.* Moskau, Leningrad: Academia, 1933. S. 396

ders.: *Am Kanal.* In: Valerij Brjusov: *Stichotvorenija.* Minsk: nauka i technika, 1981. S. 281

Burliuk, David: *Spucken in den Himmel.* In: David Burliuk / Wladimir Majakowskij: *Cityfrau. Futuristische Gedichte.* Übertragung: Alexander Nitzberg. Reihe Chamäleon Bd. 3. Düsseldorf: Grupello, 1998. S. 19. © Grupello Verlag, Düsseldorf.

ders.: *Op. 10.* In: ebd., S. 23. © Grupello Verlag, Düsseldorf.

ders.: *Op. 8.* In: ebd., S. 35. © Grupello Verlag, Düsseldorf.

Charms, Daniil: *Trieb.* In: ders. Bd. 1. Moskau: [ohne Verlagsangabe], 1994. S. 209

ders.: *Die herausfallenden Alten.* In: ebd., S. 259

ders.: *Wir sind besiegt am Feld des Lebens.* In: ebd., S. 243

Chlebnikow, Welimir: *In memoriam Iwan Ignatjew.* In: V. N. Terechina, A. P. Zimenkov [Hrsg.]: *Russkij futurizm. Teorija, praktika, kritika, vospominanija.* Moskau: Nasledie, 1999. S. 155

ders.: *Ich trat als Jüngling.* In: *Dampfbetriebene Liebesanstalt. Gedichte des russischen Futurismus.* Herausgegeben und übertragen von Alexander Nitzberg. In: Reihe Chamäleon Bd. 5. Düsseldorf: Grupello, 1999. S. 49. © Grupello Verlag, Düsseldorf.

Chodassewitsch, Wladislaw: *Der Äther bebt.* In: Alexander Nitzberg: *Im Anfang war mein Wort. Neue Gedichte.* Düsseldorf: Grupello, 1998. S. 52. © Grupello Verlag, Düsseldorf.

ders.: *Nur bitte: keinen Flieder.* In: W. Perel'muter [Hrsg.]: *Koleblemyj trenožnik.* Moskau: Sovetskij pisatel', 1991. S. 48

ders.: *Dunkel die Straße.* In: ebd., S. 72

Chrisanf: *Das Verzweifeln ...* In: V. N. Terechina, A. P. Zimenkov [Hrsg.]: *Russkij futurizm. Teorija, praktika, kritika, vospominanija.* Moskau: Nasledie, 1999. S. 179

Gumiljow, Nikolaj: *Die Selbstmörderin.* In: ders.: *Pavillon aus Porzellan. Gedichte.* Übertragung: Alexander Nitzberg. Reihe Chamäleon Bd. 8. Düsseldorf: Grupello, 2000. S. 19. © Grupello Verlag, Düsseldorf.

ders.: *Ezbekiya.* In: Nikolaj Gumilev: *Sočinenija v trech tomach.* Bd. 1. Moskau: Chudožestvennaja literatura, 1991. S. 225. © fmt, Moskau.

Hofmann, Viktor: *Am Boulevard.* In: Viktor Gofman: *Sobranie sočinenij.* Bd. 2. Moskau: Izdanie V. V. Pašukanisa, 1918. S. 71

ders.: *Unter den Gaslaternen.* In: ebd., S. 73

ders.: *Ich bin fort ...* In: ebd., S. 85

Ignatjew, Iwan: *Unaufhörlichkeit.* In: A. Očertjanskij, Džeral'd Janeček [Hrsg.]: *Antologija avangardnoj epochi. Rossija, pervaja tret' XX stoletija. Poezija.* New York/St. Petersburg: Glagol, 1995. S. 87

ders.: *Heute besuch ich den Ort ...* In: ebd., S. 100

Iwanow, Georgij: *Die Schauspielerin.* In: Georgij Ivanov: *Sobranie sočinenij v trech tomach.* Bd. 1. Moskau: Soglasie, 1994. S. 182

Iwnew, Rjurik: *Der Wind war ekelhaft* ... In: V. N. Terechina, A. P. Zimenkov [Hrsg.]: *Russkij futurizm. Teorija, praktika, kritika, vospominanija.* Moskau: Nasledie, 1999. S. 185 f.

ders.: *Ein leiser Tag* ... In: E. Šnejderman [Hrsg.]: *Poety-imažinisty.* Biblioteka poeta. St. Petersburg: Peterburgskij pisatel', 1997. S. 301

Jessenin, Sergej: *Abschied nehmen* ... In: Sergej Esenin: *Sobranie sočinenij.* Bd. 3. Moskau: Chudožestvennaja literatura, 1967. S. 228

Knjasew, Wsewolod: *Nicht umsonst* ... In: Anna Achmatova: *Poema bez geroja.* Moskau: R. Timenčik, MPI, 1989. S. 209

ders.: *Froh promenierte ich* ... In: ebd., S. 206

ders.: *Wo sind die Töne* ... In: ebd., S. 211

Komarowski, Wassilij: *Sulla, Tiberius* ... In: Vasilij Komaorvskij: *Stichotvorenija. Proza. Pis'ma.* St. Petersburg: Izdatel'stvo Ivana Limbacha, 2000. S. 30

ders.: *Für den Entkräfteten* ... In: ebd., S. 31

Krutschonych, Alexej: *Balladen vom schrecklichen Gift Kormoran (1, 2).* In: *Futuristy »Gileja«.* Moskau: Gileja, 1995. S. 27 und 30

ders.: *Selbstmörder-Zirkus.* In: ders.: *Muzka.* Moskau: (ohne Verlagsangabe), 1919. (ohne Seitenangabe)

Kusmin, Michail: *Welch ungeladne Gäste* ... Aus: *Forel' razbivaet led.* In: Michail Kuzmin: *Stichotvorenija.* St. Petersburg: Novaja biblioteka poeta, 1996. S. 531

Kussikow, Alexander: *Selbstverbrennung.* In: Alexsandr Kusikov: *V nikuda.* Berlin: Epocha 1922. S. 56

ders.: *Sturmvogel.* In: ebd., S. 14

Losina-Losinski, Alexej: *Es ist so still* ... In: M. F. P'janych [Hrsg.]: *Serebrjanyj vek. Peterburgskaja poezija konca XIX-načala XX v.* Leningrad: Lenizdat, 1991. S. 434

ders.: *Verschlossen im Quadrat* ... In: M. L. Gasparov [Hrsg.]: *Russkaja poezija serebrjanogo veka, 1890–1917.* Moskau: Nauka, 1993. S. 714

ders.: *Ja, das mag schon sein* ... In: ebd., S. 714

Lwowa, Nadeschda: *Auf dem Gleis* ... In: V. N. Terechina, A. P. Zimenkov [Hrsg.]: *Russkij futurizm. Teorija, praktika, kritika, vospominanija.* Moskau: Nasledie, 1999. S. 190

dies.: *Es warst du* ... In: Nadežda L'vova: *Staraja skazka.* Moskau: Al'ciona, 1913. S. 63

Majakowski, Wladimir: *Der Tanz mit den zerlöcherten Bällen.* In: ders.: *Tragödie Wladimir Majakowski, Wölkchen in Hosen. Poem.*

Übertragung: Alexander Nitzberg. Basel, Weil am Rhein, Wien: mit freundl. Genehmigung: Urs Engeler Editor, 2002. S. 44 ff.

ders.: *Ein wenig über den Dirigenten.* In: David Burliuk/Wladimir Majakowskij: *Cityfrau. Futuristische Gedichte.* Übertragung: Alexander Nitzberg. Reihe Chamäleon Bd. 3. Düsseldorf: Grupello, 1998. S. 69. © Grupello Verlag, Düsseldorf.

ders.: *An Sergej Jessenin.* In: ders.: *Polnoe sobranie sočinenij.* Bd. 7. Moskau: Gosudarstvennoe izdatel'stvo chudožestvennoj literatury, 1958. S. 100

ders.: *Fragmente (Sie liebt?; Es ist nach eins ... / Oder bei dir; der Ozean tritt zurück; Es ist nach eins ... / Ich seh die Milchstraße; Ich weiß um Wortgewalt).* In: ebd., Bd. 10, S. 286 ff.

Mandelstam, Ossip: *Das Telephon.* In: Osip Mandel'štam: *Polnoe sobranie stichotvorenij.* St. Petersburg: Novaja biblioteka poeta, 1995. S. 349

Mandelstam, Roald: *Das Haus des Gehängten.* In: Roal'd Mandel'štam: *Stichotvorenija.* Tomsk: Izdatel'stvo Vodolej, 1997. S. 57 f.

ders.: *Epitaph.* In: ebd., S. 58

Marienhof, Anatolij: *Wie eine Träne ...* In: Anatolij Mariengof: *Stichotvorenija i poemy.* Novaja biblioteka poeta. St. Petersburg: Malaja serija, 2002. S. 36 f.

ders.: *An Sergej Jessenin.* In: ebd., S. 126 ff.

Muni: *Die Zeit verrinnt.* In: Samuil Kissin: *Legkoe bremja. Stichi i proza.* bibliotheca de visu. Moskau: Avgust, 1999. S. 80

ders.: *Ich bin ein schwerer Stein.* In: ebd., S. 83

Narbut, Wladimir: *Der Selbstmörder.* In: Vladimir Narbut: Stichotvorenija. Moskau: Sovremennik, 1990. S. 150 f.

Negora, Alexander: *Dichter: Geisel der Menschheit ...* In: ders.: *Stichi i perevody.* Berlin: Izdatel'stvo Džekil' i Chajd, 1919. S. 66

ders.: *Was von mir am Boden geblieben ...* In: ebd., S. 67

Ozup, Nikolaj: *Löst sich langsam die Krawatte.* In: Nicolaj Ocup: *Okean vremeni. Stichotvorenija. Dnevnik v stichach. Stat'i i vospominanija o pisateljach.* Literatura russkogo zarubežja. St. Petersburg/Düsseldorf: Logos/Goluboj vsadnik, 1993. S. 97

Parnok, Sofia: *Durch die blaue Scholle ...* In: S. Poljakova [Hrsg.]: *Sobranie stichotvorenij.* St. Petersburg: Inapress, 1998. S. 404

Poplawski, Boris: *Es naht der Morgen, aber noch ist es Nacht.* In: Boris Poplavskij: *Sočinenija.* St. Petersburg: Letnij sad, (ohne Jahresangabe). S. 228. © Grupello Verlag, Düsseldorf.

ders.: *Epitaph.* In: ders.: *Unter der Sternenfahne. Gedichte.* Übertragung: Alexander Nitzberg. Reihe Chamäleon Bd. 4. Düsseldorf: Grupello, 1998. S. 65

Radlowa, Anna: *Nicht allzu schwer* ... In: Aleksandr Etkind [Hrsg.]: *Bogorodicin korabl'. Krylatyj gost'. Povest' o Tatarinovoj.* Moskau: IC-Garant, 1997. S. 112

dies.: *Dreifach der feuerflüglige Hahn* ... In: ebd., S. 116

Ropschin, W.: *Ich taumelte, rannte* ... In: Evgenij Evtušenko [Hrsg.]: *Strofy veka. Antologija russkoj poezii.* Moskau/Minsk: Polifakt, 1997. S. 77

ders.: *Und eines Tages* ... In: ebd., (ohne Seitenangabe)

ders.: *Guillotine, Marterholz?* In: ebd., (keine Seitenangabe)

Scherschenewitsch, Wadim: *Ich vergaß das Jahr* ... In: Vadim Seršenevič: *Stichotvorenija i poemy.* Novaja biblioteka poeta. St. Petersburg: malaja serija, 2000. S. 54

ders.: *Der Sommerhimmel* ... In: ebd., S. 55

ders.: *Reminiszenz.* In: ebd., S. 314

Senkewitsch, Michail: *Die Heimsuchung.* In: ders.: *Elga. Roman. Aus den belletristischen Memoiren.* Übertragung: Alexander Nitzberg. Reihe Chamäleon Bd. 6. Düsseldorf: Grupello, 1999. S. 6. © Grupello Verlag, Düsseldorf. © Jewgenij und Sergej E. Senkewitsch.

ders.: *Da folgte ich* ... In: ders.: *Skazočnaja era. Stichotvorenija. Povest'. Belletrističeskie momuary.* Moskau: Škola-press, 1994. S. 112. © Jewgenij und Sergej E. Senkewitsch.

ders.: *Finsterer Gott.* In: ders.: *Wilder Purpur. Gedichte.* Übertragung: Alexander Nitzberg. Reihe Chamäleon Bd. 1. Düsseldorf: Grupello, 1997. S. 99. © Grupello Verlag, Düsseldorf. © Jewgenij und Sergej E. Senkewitsch.

Sewerjanin, Igor: *Die Selbstmörderin.* In: Igor' Severjanin: *Sočinenija v pjati tomach.* Bd. 1. St. Petersburg: Logos, 1995. S. 311

ders.: *Trance in Violett.* In: ders: *Ananas in Champagner. Poesen.* Übertragung: Alexander Nitzberg. Münster: mit freundlicher Genehmigung: Verlag Johannes Lang, 1996. S. 84

Tschorny, Sascha: *Fakt.* In: Saša Cornyi: *Stichotvorenija.* Biblioteka poeta. Bol'šaja serija. Leningrad: Sovetskij pisatel', 1960. S. 272 f.

Waginow, Konstantin: *Den Mond, das Auge* ... In: A. Gerasimova [Hrsg.]: *Stichotvorenija i poemy.* Tomsk: Vodolej, 1998. S. 20

ders.: *Ich seifte ein das Herz* ... In: ebd., S. 28

ders.: *Die Sterne umgestülpt* ... In: ebd., S. 26

ders.: *Meine Finger sind tote Länder* ... In: ebd., S. 29

Zwetajewa, Marina: *In memoriam Sergej Jessenin*. In: Marina Cve-
    taeva: *Stichotvorenija i poemy v pjati tomach*. Bd. 3. New York:
    Russica Publishers Inc., 1983. S. 136
dies.: *An Majakowski*. In: ebd., S. 148
dies.: *Öffnete die Adern* ... In: ebd., S. 174
dies.: *Bin voller Sanftmut* ... In: ebd., Bd. 1. S. 193

Autorenverzeichnis

Verzeichnis der Titel und Gedichtanfänge